大夏书系·有效教学

魅力课堂
MEILI KETANG

高效与有趣的教学

赵希斌 著

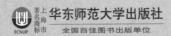
华东师范大学出版社
全国百佳图书出版单位

目录 Contents

前言 ·· *1*

第一辑　把握教学内容

第一章　高——高层次学科素养 ·· *2*

三流教学教知识，二流教学教方法，一流教学教素养。高层次学科素养是学科教学中最有价值、最迷人的成分，能够沉淀下来使学生终身受益。

1. 以数学学科为例 ·· *2*
2. 以语文学科为例 ·· *8*

第二章　思——高品质思维能力 ·· *18*

学生的思维能力和教学效果相辅相成，学习依赖思维，同时也是提高思维素质的过程。

1. 优化学生的记忆 ·· *18*
2. 提升学生的理解力 ··· *20*
3. 强化学生的应用思维 ··· *25*

4. 鼓励学生的批判性思维 …………………………………… 29

5. 培养学生的创造性思维 …………………………………… 33

第三章　实——扎实的学科基本功 …………………………… 41

基础教育要"打基础",日常教学要把学科基本功打牢、打实。

1. 构建学科知识框架,明确学习要求 …………………………… 41

2. 致密丰厚的知识储备 …………………………………………… 48

3. 落实两类学科基本功 …………………………………………… 50

4. 把握好不同类型知识的教学方式 ……………………………… 53

5. 突出教学重点 …………………………………………………… 56

6. 突破教学难点 …………………………………………………… 59

7. 多思、多品、多练 ……………………………………………… 65

第四章　正——正确、先进的价值观 …………………………… 68

教师不仅是经师,更是人师!在教学中向学生传递正确先进的价值观,这是把握教学内容时应重点考虑的一个方面,是每一个学科教师的责任。

1. 基于教学传递三维价值观:求善、求真、求美 ……………… 69

2. 用"人"感动学生、教育学生 ………………………………… 79

3. 价值观教育不能简单化 ………………………………………… 82

4. 价值观教育要与时俱进 ………………………………………… 83

5. 提倡多元价值观并坚持基本是非观 …………………………… 85

6. 价值观教育不能靠灌输 ………………………………………… 86

第五章　通——通联广达 ………………………………………… 90

教学要做到旁征博引、深入浅出,就必须基于学科内和学科间知识的通联。教师不仅是专家,也应是杂家。

1. 将知识与应用通联 ·· 92
2. 将知识与现象和学生的经验通联 ································ 94
3. 知识自身"生长"的纵向通联 ······································ 96
4. 不同领域知识的横向通联 ·· 99
5. 学科间知识的通联 ·· 101

第二辑　把握教学形式

第六章　引——引生入"胜" ································ 108

高效教师将学生"引入"学习的美好境地，激发学生的学习兴趣，教与学成为一个高效又富有乐趣的过程。

1. 激发学生的学习期待和学习热情 ································ 108
2. 为学习提供支持 ·· 112
3. 与学生一起"取舍进退" ·· 119

第七章　问——好问题驱动教学 ···························· 126

好问题对于教学有双重意义：一、通过解决问题学生学有所获，是实现教学目标的标志；二、问题本身是教学的线索，是牵引、驱动教学的重要力量。

1. 三类基本问题 ·· 127
2. 好问题的价值 ·· 131
3. 如何提出好问题 ·· 135
4. 提问的误区 ·· 140

第八章　比——打比方、举例子、作比较 ············ 145

教学的一个重要任务就是要把需教授的内容给学生"解释"清楚，因此教师要善于打比方、举例子、作比较。

1. 打比方 …………………………………………………… *146*

2. 举例子 …………………………………………………… *154*

3. 作比较 …………………………………………………… *160*

第九章　动——让学生动起来 …………………………………… *164*

  学生生来好动，好发展，好创造。能动，能发展，能创造，便是顺从自然，便能享受快乐；不动，不发展，不创造，便是摧残生机，便不免感觉烦恼。

1. 案例教学 ………………………………………………… *165*

2. 任务驱动 ………………………………………………… *171*

3. 师生互动 ………………………………………………… *176*

第十章　趣——乐趣、兴趣、情趣 ……………………………… *184*

  "知之者不如好之者，好之者不如乐之者。"乐趣让学生愿意走进教室、乐于坐在那儿听课；兴趣让学生从主动的追求中获得满足，智慧得到增长；情趣触动学生的心灵，让学生可以从中发现理想、坚持梦想、追求美好。

1. 乐趣——感官之乐 ……………………………………… *185*

2. 兴趣——思维之乐 ……………………………………… *192*

3. 情趣——心灵之乐 ……………………………………… *198*

前　言

我有学生、教师、研究者、培训者等多重身份，其中的每一个身份都要求我必须面对、思考一个问题——什么是好的教学。

我做了21年的学生。回想我的学生时代，给我留下印象的好课和老师很少，这多少让人感到遗憾。对学生而言，"什么是好的教学"这个问题意义重大，学生在课堂里度过其人生中成长最快、变化最大、对未来有最重要影响的生命阶段，教学的品质决定了他们为此付出的时间是否值得，以及他们在未来的人生中是否乐于学习、善于学习。

我做了10年的教师。前些日子收到新疆的阿尔达克·艾山老师的一个短信，一年前他在北师大进修，其中一个学期上我的教育心理学课。短信中写道："老师您好！今天突然想起您了，您的课、您的教学方法对我的影响很大。我回来后按照您的方法授课，学生都很满意，也很喜欢！今天有个班邀请我给他们上复习课，这是我工作以来的第一次，此时我第一个想起的是您……"看到这个短信，我觉得非常欣慰和幸福。有的学生在提交给我的作业中或在我的微博上留言，表达他们喜欢我的课，有些学生还因为我的课改变了对教师职业的看法，发现了做教师的价值和乐趣。那么，哪些是影响教学质量的重要因素？对此进行反思和总结很有必要。

我做了13年有关教学评价的研究。在北师大读博士时，我就参与了课程改革的课题，以学生评价和教学评价为主。这些年的研究让我意识到：

教学是所有学校教育领域中最核心、最关键的问题，一切教育理想和教学目标都要落实在课堂教学中。我观察了大量的课堂教学，有些教师讲课吸引人，内涵丰富，学生很有收获；也有一些教师讲课效率低，授课方式枯燥，学生被动接受乃至产生抵触情绪。对于任何一个研究教学的专业人员来说，"他们的区别在哪里？""好教学的本质特征和表现形式是什么？"都是极为重要和有趣的问题，这是教育领域内永恒的话题。作为一个科研人员，我对这个问题充满了兴趣和好奇。

我做了11年的教师培训工作。我现在非常理解有些教师在接受培训时的迷惑和渴望，他们最需要解决的问题就是"怎么办"，尤其是在课堂教学领域。近一年来，我把对教学的一些思考进行了较为系统的整理，尝试着在培训时讲给教师、校长和教育管理者。讲座受到了欢迎，我想根本原因还是讲座内容直接面向教学一线，直接面对课堂教学中的问题。这也从另一个方面说明了思考与评估什么是好的教学对于一线教学人员来说是多么重要。

基于上述四重身份，整合学生的期待、教师的反思、研究者的兴趣和培训者的责任，我想通过这本书表达对于"什么是好的教学"这个问题的看法。

我认为世界上最复杂的问题其答案往往最简单。教学成就了学生智慧的头脑，饮食成就了学生健康的身体。什么是好的食物？我想大家一定有共识——"有营养""好吃"。什么是好的教学？其标准在我看来也很简单——"高效"与"有趣"。

教学必须高效。教学是有目标的，教学的时间是有限的，学生在课堂上付出的青春年华是不可逆的。因此，必须追问教学在多大程度上实现了教学目标，对教学内容的处理和教学形式的把握是否优化，学生在有限的时间内有怎样的收获，这种收获不只用于应对考试，更应让学生终身受益！

教学必须有趣。关于学习的古训"学海无涯苦作舟，书山有路勤为径",这暗示学习与快乐无缘,是艰苦乃至痛苦的。无趣的教和学,对学生最大的伤害在于学习成为折磨,也许他们由于现实的压力不得不学,但一旦有机会他们就会放弃令他们厌恶的学习。此外,无趣的、痛苦的学习使学生处于被迫、压抑的状态,他们不会在学习中投入感情,也不会从学习中收获感动,这样的教和学又怎能高效呢?现实中,确实有大量的教师苦苦地教、学生苦苦地学。但是,这世界上有没有高效又有趣的教学呢?答案绝对是肯定的!在本书中我们就会发现很多这样的例子。面对重重压力使教学变得有趣确实不易,但这更显示其迷人和美丽,更值得教师追求。

高效、有趣这个答案简单,清晰,但其内涵却极为丰富。那么,教学要符合哪些条件,才能做到高效与有趣呢?

厨师和教师都是专业工作者,前者提供优质饮食,需要让顾客满意,后者提供精神食粮,也需要吸引学生,二者有可比之处。厨师提供的食物需要两个基本条件:一是选好的、对的食材,并用最恰当的加工方式处理这些食材;二是菜品的"卖相"以及餐厅的用餐环境,如菜品的色泽、摆盘、饮料搭配、餐具、餐厅布局、色调、音乐、服务人员的举止等等。对教师来说,高效与有趣的教学要满足两方面的条件:一是把握好教学内容,二是把握好教学形式。

把握好教学内容意味着教师对教学内容有非常深刻的理解,能够凸显学科教学中最有价值的成分,这类似于厨师选好的、对的食材;把握好教学形式意味着教师能够以恰当的、吸引学生的方式进行教学,能够最大限度地将学科教学内容中的精华传递给学生,引导学生富有热情地学习,这类似于优化菜品的"卖相"和用餐环境。

下面是一个教学案例,一位语文教师讲韩愈的短文《马说》的实录:

> 上次我们讲到第一段,第一段是这篇文章开篇,就是全文的观点的根本,提出了理论的依据,"世有伯乐,然后有千里马",强调指出了千里马对伯乐的依赖关系,接下来文章具体地向我们再现了没有伯乐,

千里马会遇到的遭遇,那就是"祗辱于奴隶人之手,骈死于槽枥之间,不以千里称",一再强调,伯乐善识马。只有有了伯乐,才能有千里马,从正面来议论。

第二段一来就用"马之千里者,一食或尽粟一石,食马者不知其能千里而食也"指出了问题的要害,千里马被埋没是因为食马者,就是养马的人不知其能千里而食也,不能用喂养千里马的方式来喂养它,使得它的才能得到充分展现,当然,这里面,"一食或尽粟一石"很显然用的是什么,啊,夸张的手法,突出了千里马和普通马相比,它的食量怎么样呢?对,很大。如果只用喂养普通马的方式喂养它,就会怎么样呢?就会使它的才能显得不足。接着,用排比句"食不饱,力不足,才美不外见"来揭示了千里马"才美不外见"正是因为食马者不知其"一食或尽粟一石",因此造成千里马"食不饱,力不足"的严重后果。最后,用一个反问句"安知其能千里也",对食马者的无知发出了强烈的谴责,这是从反面来进一步证明"世有伯乐,然后有千里马"的主题,在这里面指出了千里马的才能被埋没,不能够施展,原因呢就是因为什么呢,食马者的无知造成的。食马者在这里指的是谁呢?就是喂马的人吗?还有伯乐?对,不识人才的人。"不识人才的人"我们一般把他称作什么样的人呢?对,庸人。所以这里面"食马者"指的是不识人才的庸人。由于不识人才的庸人不善于识别马,不知道用喂养千里马的方法来喂养它才导致了千里马"才美不外见,食不饱,力不足",才能不能得到充分的施展,从而被埋没了。这一段,对不识人才的庸人的这种做法给予了强烈的痛责。这就是文章的第二段。

(孙亚玲著,《课堂教学有效性标准研究》,教育科学出版社,2009)

这是一个反面案例。从教学内容来看,这节语文课成为一堂"翻译课"——将古文翻译成白话文。这样的内容处理苍白单调,没有体现《马说》丰富、深刻的内涵，没有贴近学生的人生经验。从教学形式来看，教师讲、学生听，平铺直叙，没有悬念、没有互动、没有情趣。与其说教师在讲课，不如说教师在"自言自语""自问自答"。我想一定有很多学生"昏昏欲睡""魂飞魄散"（在此比喻学生的心思早就跑到教室之外了），可叹的是，不知每天有多少这样的教学在"上演"！

  本书分为两个部分，分别阐述了教师如何避免上述课例中的问题，把握好教学内容和教学形式。

  把握好教学内容体现在五个方面：高、思、实、正、通。

  把握好教学形式体现在五个方面：引、问、比、动、趣。

  基于大量案例，本书对这10个方面的内涵和特征进行了分析，希望教师既能够形成一个框架性的认识，也能够从案例中得到经验的启发。

  我想如果读者仔细阅读了这10个方面的内容，一定会发现教学对教师的要求很高。那么，教师该如何应对呢？

  孙绍振教授在《解读语文》的前言中写道："和文本作深度对话，是要有学养做本钱的。对《木兰诗》这样的经典文本，没有学养做本钱，不管主观上多么开放，也是读不出女英雄的文化和艺术的奥秘的。这并不神秘，原因就在于韩愈所说的'术业有专攻'。不学无术，不可能进入经典文本的深层。"

  在另一篇论文中，孙教授提到：当前教改的主要矛盾，无疑就是教师的水准普遍赶不上形势。本来形势逼人，应该急起直追才是，可是，有些老师，却缺乏起码的紧迫感。身为语文教师，不爱读书，不喜写作，不提高自己的文本解读水准，知识结构残缺，写作水平低下，上课就把一些一望而知的"知识"，作死板的重复，以其昏昏，使人昭昭，误人子弟，比比皆是。（《把文学审美熏陶落实到词语上》，《文学教育》，2008，1）

  我非常同意孙绍振教授的想法和判断，教师提高教学质量的唯一途径就是不断学习、实践和反思。具体说来，教师可在以下三个方面进行尝试。

第一，提高自己的问题意识。教师要对教学中的问题足够敏感，找到问题才能确定改进的方向。由教师自己生成的问题针对性更强，由问题驱动的行动更持久也更有效。问题既包括诸如"学生为什么今天听课兴趣不高"等困惑，也包括诸如"这一章教学内容的知识脉络是怎么样的"等研究型内容。教师要不断问自己"怎么回事""为什么""怎么办"等问题，本书的写作就是建立在"优质教学有哪些核心特征"这样一个问题上，有了明确的问题，才有清晰的目标和有效的行动。

第二，教师要加强知识的学习和储备。近日我要把纱窗卸下来冲洗，怎么卸下来呢？我到网上搜索，立即找到了有效的方法。为了本书的写作，我参考了约300篇论文和几十本书籍，这些资料启发了我，也使得整本书变得更扎实、更严密。在信息时代，影响教师进步快慢的一个重要原因是他拥有信息的多少和搜寻信息的能力。对教师来说，面临具体问题时需要收集信息，借鉴前人和同行的经验为解决问题提供线索；平时为了自身素质的提高，也需要通过大量的阅读、观摩和讨论不断获取和更新知识。需要注意的是，教育教学问题如此复杂，任何一本书都只能从某个角度对某个问题进行探讨，书的篇幅有限，也只能有详有略，教师在阅读时发现感兴趣的内容后要"钻下去"，以此为线索找更多的相关材料去学习，这样的积累就会越来越丰富，越来越有深度。

第三，教师要训练自己的理论化思考。理论是对事物规律和本质的认识，没有理论指导的实践一定是盲目和低效的。教师要提高自己的理论水平，这不是让教师对书上的理论生吞活剥，而是强调教师将实践与理论思考结合起来，要善于思考，善于总结，善于发现教学的规律和本质。本书总结的高效、有趣教学的10个方面就是基于教学实践的理论思考。教师平时要对教学现象多观察，多思考，多问"是什么"和"为什么"，尝试总结出规律并以此来指导自己的教学实践。

72岁的张洵澎等一批老昆曲艺术家2011年11月17日在北大表演。张老说:"有一个表演是下腰,然后转身亮相。当时戴的头饰有20多斤重,学生和我儿子都反对我做这个动作,确实有危险。但我坚决要做,我有什么理由不做呢?这是表演的一部分,既然上台表演了,我就不能给一个不完整、不到位的东西,舞台上就是要玩命的!"最后,张老说:"感谢昆曲给我青春,有昆曲我不会老,昆曲和我是分不开的,已经成为我生命中的一部分了。"

看了这段采访我非常感慨,也非常感动!

老师们,同行们,教学对我们来说意味着什么?我想最好的答案就是:每一节课的教学都是我们的作品,这作品承载了我们的梦想、勇气和力量。每一节课都是我们生命的一部分,我们不能随便处置一堂课而怠慢我们的生命。因此,高效与有趣的教学不仅是为了学生,也是为了我们自己。

台湾文化大师李敖说:"前进的理由只要一个,后退的理由却有一百个。许多人整天找一百个理由证明他不是懦夫,却从不用一个理由去证明他是一勇士。"老师们,让我们成为一个勇士,让教学因你而美丽,让你因教学而精彩!

第一辑
把握教学内容

学生在基础教育阶段要学习的知识可谓无数，但这些知识有多少是有用的？有多少被保留下来？有多少支持了学生的可持续发展？如何处理这浩如烟海的教学内容，让学生既获得真正的素质提高，又能够应对现实的考试压力？

确定教学目标是教学的前提，其核心就是对教学内容的把握。同样经历了一堂课、一个学期、一个学年，教着同样的内容，但由于教师的把握和处理方式不同，学生的收获大不一样。

如何恰当把握、呈现教学内容，体现高质量的教学目标？

本书提供五个建议：

> 高——高层次学科素养
> 思——高品质思维能力
> 实——扎实的学科基本功
> 正——正确、先进的价值观
> 通——通联广达

1. 高——高层次学科素养

日本数学家米山国藏说:"作为知识的数学出校门不到两年就忘了,唯有深深铭记在头脑中的数学的精神、数学的思想、研究的方法和着眼点等,这些随时随地发生作用,使人终身受益。"在这段话中的"精神""思想""方法和着眼点",是数学教学中高远的目标,是数学教学中最迷人、最有价值的成分,是学科教学中的"高层次学科素养"。

爱因斯坦说:"教育,是人们遗忘了所有学校灌输的知识后,仍能留存的东西。"从学科的角度看,高层次学科素养是该学科最精华的、体现学科独特价值的、对该学科知识的产生和发展具有重要意义的成分。从学生的角度看,高层次学科素养基于知识又超越知识,能够沉淀下来并使学生终身受益。

有些教师的课不精彩、不吸引人,学生收获不大,根本的原因就是教学只盯着具体的知识,没有体现高层次学科素养。教师对高层次学科素养的把握是所有教学内容和教学方式的牵引,决定了整个教学的层次。某种意义上,所有的教学内容都是为提升学生的高层次学科素养服务的,这是把握教学内容的主线。下面以数学和语文学科为例,说明教师如何在处理教学内容时凸显高层次学科素养并将其体现在教学中。

1. 以数学学科为例

在新修订的《义务教育阶段数学课程标准》(北京师范大学出版社,

2011)中,把传统的"双基"扩充为"四基",即在基础知识和基本技能的基础上增加了"基本的数学思想"和"基本的数学体验"。这个改变非常好,凸显了数学中的高层次学科素养。

下面以数学思想和数学体验为例,分析数学思想的价值、形式及其如何在教学中实现。

表面上看,学生学到的都是数学知识,但数学知识的获得需要若干技能和方法,而所有这一切都在更上位的数学思想的指导下展开。数学教育专家史宁中在《漫谈数学的思想》中谈道:"三种基本的数学思想是抽象、推理和模型。"数学中的抽象指的是把人们的日常生活和生产实践中的那些和数学有关的东西析取出来,作为数学研究的对象。数学自身的发展依靠的是推理,在一些假设下,按照一定的逻辑规律进行推理,得到命题和定理。模型是用数学的形式在讲"故事",模型告诉我们若干数学参数之间的关系及其变化规律。

华罗庚在《数学模型选谈》中有一个案例极好地体现了"抽象"的数学思想。

有一个水龙头及 n 个容量不等的水桶,依怎样的次序灌水,才能使总的等待时间最短?

设灌满第一桶水至第 n 桶水分别需时间 $a_1, a_2, \cdots, a_n$。那么,注满第一桶水要等的时间是 a_1,注满第二桶水要等的时间是 a_1+a_2,第三桶要等 $a_1+a_2+a_3$,等等。总的等待时间是 $T = a_1 + (a_1+a_2) + \cdots + (a_1+a_2+\cdots+a_n) = na_1 + (n-1)a_2 + \cdots + a_n$。当序贯 a 按升序排列时最小,即 $a_1 \leq a_2 \leq \cdots \leq a_n$,也就是容量小的先灌,总的等待时间最短。

在生活中,这样的现象是很多的,比如在银行排队办业务、在超市排队缴费等等。利用数学将这些现象进行抽象,人们得到了规律性的认识,显示了数学与生活的密切关联,体现了数学的价值和魅力。

再举一例:

$\dfrac{7}{8}$ 和 $\dfrac{8}{9}$ 哪个大?

教学方法1：教师让学生学习、利用通分和分数加减法的知识。

教学方法2：对于低年级的学生，利用分数加减法判断$\frac{8}{9}$比$\frac{7}{8}$大，教师启发学生，$\frac{9}{10}$和$\frac{8}{9}$哪个大呢？当学生仍利用分数加减法得到结论后，教师问学生："我们已经试了3个数了，后面的数都比前面的大，那么按照这种规律后面的数是否一定会大于前面的数，同时也会越来越大呢？此时教师可引导学生"找规律"。从最小的$\frac{1}{2}$开始，$\frac{2}{3}$，$\frac{3}{4}$…再找一个"极大值"$\frac{999}{1000}$，教师可以引导学生猜想：随着数列的发展，该分数越来越大，越来越接近于1，而且后面的比前面的数大。

教学方法3：对于高年级的学生，启发学生将该数列抽象出一般形式：后面的数是$\frac{n-1}{n}$，前面的数是$\frac{n-2}{n-1}$，$\frac{n-1}{n}-\frac{n-2}{n-1}$，得到$\frac{1}{n(n-1)}$，从而证明了后面的数大于前面的数。

第一种方法是知识的教学，如果教师的教学只停留在这个层面，学生的收获是有限的。第二种方法体现了"推理"的数学思想，学生利用不完全归纳法，找到数列发展的规律并做出推理。第三种方法体现了"抽象"的数学思想，将一系列具体的数抽象为一个代数式，用后一个值减去前一个值，得到一个不会出现例外、相当完备的结论。因此，一个看似简单的知识，学生的收获取决于教师的眼光，取决于教师是否能够深刻挖掘、理解数学知识背后的数学思想，并将其传递给学生。

下面再看一个数学教学中体现模型思想的例子。

一个快餐店推出了一款新套餐，如何定价才能获得最大的单品利润呢？对于四年级的学生，教师就可以引导他们为此构建一个"数学模型"。

在一个时间段内从低到高制定不

时间	定价	利润
第1天	20	300
第2天	25	480
第3天	30	540
第4天	35	580
第5天	40	550
第6天	45	500

同的价格，教师让学生收集不同定价下的利润数据。如设置六种定价，分别是 20、25、30、35、40 和 45 元，不同定价下的利润是可以算出来的。学生收集到这些数据后，可以制作一个表格（如上页图所示），将价格和相应的利润分别对应起来（图中定价和利润值为示意）。

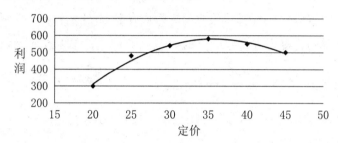

我们可以将价格标在横坐标上，将利润标在纵坐标上。价格—利润交叉的位置可以标注 6 个点，将这 6 个点用最接近它们的平滑曲线连起来，就构成了一定范围内定价和利润的模型曲线。

通过该曲线学生会发现，最初随着定价提高，利润快速增加，当定价继续增加，利润也在增加，但增加的速度放慢了；而当定价高过某个值时，利润反而下降了。以最接近这 6 个数据点的方式画一条平滑曲线，能够找到这个曲线的最高点，该点在纵坐标（利润）上有最大值，进而可以找到相应的横坐标（定价）上的点，这就是要获得最高利润的最佳定价。这个定价不是实际观察到的，是基于这个价格—利润模型得到的一个估计值，但这个估计值有相当高的合理性。这个模型告诉了我们一个关于定价和利润之间关系的故事。这体现了数学模型可以从已知推论未知，表现了数学对现实情境进行模拟的特性和价值。这一发现一定会让学生欣喜，并且让学生深刻感受数学的价值。对于高中生，还可以基于他们所学的函数知识，用函数的形式表达这条曲线，形成一个基于模型的方程，这样该模型对现实的表征就会更加精确，概括性更高。

数学课标修订后增加了"基本的数学体验"作为"四基"之一，数学体验为什么这么重要？它对培养学生高层次数学学科素养有什么价值？下面是一个数学体验的例子：

在学习"等比数列的求和公式"前，先举例："我愿意在一个月内每天给你1万元钱，但在这个月内，你必须第一天给我1分钱，第二天给我2分钱，第三天4分……后一天给我的钱是前一天的2倍，有谁愿意？"此问题引起学生极大兴趣，凭直觉，学生们一定暗想："我们都愿意，老师您亏大了！"他们写出给我的钱为1+2+4+8+16+…时，意识到计算太麻烦，要求我讲授计算这种数列的公式，于是在我的引导下，学生推导出公式 $S_n = \frac{a_1(1-q^n)}{1-q}$ （$q \neq 1$），从而计算出应给我的钱为10737418.23元，这远大于老师给学生的钱30万元！此时几乎所有学生都感到震惊，课堂教学的气氛也随之达到高潮。

（周以宏，《课堂教学举例"五字诀"》，《中学数学月刊》，2001，10）

学生感到震惊，这就是数学体验！教师可向学生介绍，此题源于一道古题：相传古印度人西塔因为发明了国际象棋而使国王很开心，国王决定奖赏他。西塔说："我不要您的奖赏，陛下。"国王问："那你想要什么呢？"西塔想了想说："请您在我发明的棋盘上放些麦粒吧。我只要您在第一格放1粒，在第二格放2粒，在第三格放4粒，以后每格的麦粒是它前一格的两倍，放满六十四个格子就行了。"国王听后不禁笑言："行！不就是些麦粒吗？来人！为智者西塔颁奖！"计数麦粒的工作开始了，第一格内放1粒，第二格内放2粒，第三格内放4粒，还没有到第二十格，一袋麦子已经空了。一袋又一袋的麦子被扛到国王面前来，国王很快就看出即便拿出全国的粮食，也兑现不了他对西塔的承诺。原来，所需麦粒总数为18446744073709551615。这些麦子究竟有多少？打个比方，如果造一个仓库来放这些麦子，仓库高4米、宽10米，那么仓库的长度就等于地球到太阳的距离的两倍！

此时，我想学生一定有了非常深切的体验，感受到了浓厚的数学文化。此时教师可进一步引导学生，生活中还有什么现象和这个类似？——叠报纸！对折1次有多厚？对折多少次有一米厚？如果对折50次会有多厚？

在学生强烈的情绪体验下，教师可以指导学生做出指数函数的图像，使学生进一步更为理性地体验指数函数的一个重要特征：随着自变量的增加，因变量增加的速度越来越快。在高中阶段，教师还可指导学生在指数函数的图像上做图像的切线（求导），感受该函数变化率也在随着自变量的增加而快速增加，这么做典型地体现了"数形结合"，也使数学体验到了一个更高的层次。

由此可见，如果说"抽象""推理""模型"等基本数学思想是高层次学科素养，那么，数学体验就是培养学生形成数学思想最重要的途径。基于数学体验获得的知识是"有根的"，对于数学思想的形成至关重要，教师在把握教学内容时一定要给予足够的重视。

那么，是否有的数学知识更高级，能体现数学思想，而有的数学知识不够高级，无法体现数学思想，无法让学生产生数学体验呢？不是的！史宁中教授指出："基本数学思想不应当是个案的，而必须是一般的。这大概需要满足两个条件：一是数学产生以及数学发展过程中所必须依赖的那些思想，二是学习过数学的人所具有的思维特征。"

例如，给小学生出一道这样的题："王老伯有一根 32 米长的绳子，他要用这根绳子围一块菜地，围成什么形状面积最大？"学生解决这个问题要经历多个环节和过程，涉及多种数学思想和数学方法，用到若干数学知识。首先要将题目的描述转化为一个数学问题："周长一定的情况下，什么形状面积最大？"此时教师可引导学生，让他们分别用这个周长围成正三角形、正方形、正五边形和正六边形，分别计算（测量）这些图形的面积。学生一定会发现一个现象：从正三角形到正六边形，在周长一定的情况下面积依次增加。此时，教师可提出问题："同学们，根据这个规律，你认为（觉得）围成什么图形面积会最大呢？"我想一定有很多学生能够回答出来"圆的面积最大"，因为随着边数的增加，这个图形会越来越接近于圆。此时，这个结论已经不是最重要的了，学生在这个过程中的体验，以及抽象、推理思想的培养显得尤为珍贵和重要了。而且，此题为学生后续的学习埋下了伏笔：如何通过定量化的方式证实上述结论呢？如果是不规则图形呢？

因此，任何数学知识，哪怕再微小、再简单，其背后都蕴含数学思想，因为所有数学知识的产生和发展都要依赖数学思想。数学思想是数学中最迷人、最有价值、最值得追求的，具备数学思想的人"会用数学的眼睛看世界"！而这正是2001年中国新课程启动时，数学课程标准所表达的对于学生学习数学的期望。

2. 以语文学科为例

学生在基础教育阶段要花那么大的精力学习那么多的语文知识，这些知识的价值是什么？超越"听说读写"等具体的知识和技能，语文教学应给学生留下哪些终身受益的东西？

我的学生张潇潇在作业中回忆了她的语文老师：

> 他的语文课像是有一种魔力，会让你觉得本来普普通通的课文，变得精妙异常。至今我也想不出，为什么那些看似普通的文字，在他的讲解下，竟变得如此内涵深刻，回味无穷。没有PPT，没有事先准备好的教案，也没有什么花哨的课程设计，仅仅一支粉笔，一手漂亮的粉笔字，就让语文课变得那么迷人。在上过他的语文课之后，我实在是有种"曾经沧海难为水"的感觉，以后再上任何一个老师的语文课都觉得索然无味。不仅是我，每次毕业生回校，见到他的愿望都是希望"张老师再给我们上一次语文课"。初三的时候，他请假一周，班上的学生快要疯了，其他语文老师也要疯了，因为听惯了他的课，实在无法再接受其他老师讲的语文课了。

> 第一节课，老师在黑板上写下"语文"两个字，然后提了一个问题：什么是语文？这问题真把我们问住了，从小学起，上了六年的语文课，无非是写写字，读读课文，背背唐诗。班上沉默了一会儿，就有同学在下面小声说，"语言、文字"，又有人说，"语言、文学"。

> 老师重复道："语言、文字，语言、文学，差别在于后面一个词，那

么文字和文学的差别在哪里呢?"老师说:"这两个说法没有正确与错误之分,这决定了语文课学习的两种态度。倾向于语文是语言、文字的,认为语文是一种工具,学习目的是为了掌握语言文字的使用技能。然而我更偏向于后一种说法,语文与其说是一种工具,更应该说是一种艺术。人们通过文学,表达内心的情感,引起思想的共鸣,从而使读者产生心灵的触动。如果你学会了很多语言与文字的知识,那并不能说明你学好了语文。只有你读过文章后欣然会意,掩卷沉思的时候,你才走进了语文学习的大门。"

因为时间太久,我已经不记得老师的原话是怎样说的了,但是这番话真让十三岁的我听得内心惊动、豁然开朗。回想起来,在随后的三年,我们真的从单纯的学知识,变为经由一篇篇文章,改变了思想的深度。老师给我们讲的文章中,我尤其难以忘记其中一篇,那是美国作家弗罗斯特的一首诗:

未选择的路(The Road Not Taken)

黄色的树林里分出两条路,
可惜我不能同时去涉足,
我在那路口久久伫立,我向着一条路极目望去,
直到它消失在丛林深处。
但我却选了另外一条路,
它荒草萋萋,十分幽寂,
显得更诱人,更美丽;
虽然在这条小路上,
很少留下旅人的足迹。
那天清晨落叶满地,
两条路都未经脚印污染。
啊,留下一条路等改日再见!
但我知道路径延绵无尽头,

恐怕我难以再回返。
也许多少年后在某个地方，
我将轻声叹息将往事回顾：
一片树林里分出两条路——
而我选择了人迹更少的一条，
从此决定了我一生的道路。

我已不记得老师是如何解读这首诗的了，只记得关于人生道路的选择，他并没有讲什么豪言壮语，而是淡淡地说："你们将来会走上不同的路，你们中的大部分人会选择平稳的、普通人选择的生活。但作为我个人，我希望大家对选择那些人迹稀少的路的同学心怀敬意，因为他们是真正的勇者！"

我非常同意我的学生的看法，这位语文老师的课非常迷人，确实让学生沉淀下来终身受益的东西，凸显了语文的高层次学科素养。高层次语文素养体现在以下四个方面：

（1）文化传承

《不列颠百科全书》对"文化"有如此定义："文化是人类知识、信仰和行为的整体，包括语言、思想、信仰、风俗习惯、禁忌、法规、制度、工具、技术、艺术、礼仪、仪式及其他有关成分。文化的发展依人类学习、传递、发展知识的能力而定。"语言文字是人类文化最直接、最深刻、最有效的载体，同时语言文字本身也是一种文化。中小学的每一篇课文一定都体现了上述文化现象中的某个方面，无论教师情愿与否或者是否意识到，语文学习必然会触及它所承载的文化，必然会成为一个文化传承的过程。

下面对语文教学中的几个重要文化载体进行分析。

● 语文中的历史事件及其所承载的价值观是文化

语文的一个重要功能是记载过去发生的事情，从中学生能够感受历史及其中的价值观。高中课文《鸿门宴》一文，司马迁凭借高超的文学技巧，通过重要的历史事件塑造了鲜明、典型的人物形象，使得后世常用刘邦和项羽来概括两种不同类型的人。作者以极其深微而又明显的笔触，刻画了两种不同类型的统治人物，其爱憎倾向是十分明确的。刘邦是一个卑鄙狡诈而又极其机变的所谓成功人物，项羽则是一个粗豪自恃、浅听轻信的所谓失败英雄。作者对项羽主要是同情和赞颂，对刘邦主要是鄙夷和贬斥。本文在描绘张良、项伯、樊哙、范增的形象上，也极为成功，假如说"子房如龙，樊哙如虎"，那么写刘邦就真是"如狐如鼠"了。因此，正是通过语文所记载的历史及其所承载的价值观，我们了解了过去的人，知道了过去的事，并且从中看到了真与假、善与恶、美与丑，这是非常重要的培养价值观的机会。关于这一点，请参见第四章"正"中有关价值观传递的更详细的分析。

- 语文所体现的人类在科学、工程、艺术上的文明成就是文化

在语文课本中，有大量的说明文和科普文，这些都体现了人类在科学上的探索，让学生了解这个奇妙而又深邃的世界，感受人类求真求实的精神。语文课文中的赵州桥、都江堰及其他世界各地的工程奇观，不仅体现了人类巧夺天工的实践智慧，而且里面所蕴含的哲学思想以及人类与自然和谐相处的态度让人深思。语文本身就是语言艺术，而通过语文又能够记载、表现、分析其他各个方面的艺术成就。如《红楼梦》，从中我们能够看到诗词、戏曲、建筑、饮食、服装、绘画等等各方面的艺术表现，这无疑是语文教学中非常重要的文化传承。

- 语文所表达的深刻的思想与思辨是文化

《美国独立宣言》（1776年7月4日由托马斯·杰斐逊起草，并由其他13个殖民地代表签署的声明美国从英国独立的文件）和《我有一个梦想》（马丁·路德·金于1963年8月28日在华盛顿林肯纪念堂发表的著名演讲）一直都是美国阅读教材中的保留篇目。前者振聋发聩地提出："我们认为下面这些真理是不言而喻的：人人生而平等，造物者赋予他们若干不可剥夺的权利，其中包括生命权、自由权和追求幸福的权利。"后者抨击了种族隔离政策，深情而又坚定地呼喊："我梦想有一天，在佐治亚的红山上，昔日奴隶的儿子将

能够和昔日奴隶主的儿子坐在一起,共叙兄弟情谊。我梦想有一天,甚至连密西西比州这个正义匿迹,压迫成风,如同沙漠般的地方,也将变成自由和正义的绿洲。我梦想有一天,我的四个孩子在一个不是以他们的肤色,而是以他们的品格优劣来评价他们的国度里生活。"

文章的作者们通过高超的写作技巧,或者塑造了鲜明而又典型的人物形象,或者展现了人类对公平、正义的向往和追求。这就是语文所承载的深刻的思想与思辨,穿越时空来到我们面前,时时带给我们警醒与感动。

总之,在语文教学中教师要教出文化的味道,看到文章背后的历史、价值观、人文精神、思想和思辨。学生从语文学习中感受文化,收获文明,并且有能力以语文为工具积淀文化,探求文明,这是语文教学要培养的核心素养之一。

(2) 人生感悟

影响一个人人生轨迹的因素除了父母和教师的教诲、生活环境、人生事件之外,还有一个极为重要的因素就是文学作品。语文教学所涉及的文学作品中的人物、事件或者作品背后的作者,会对学生的人生产生重要的影响,前提是语文学习要激发学生的人生感悟。

钱理群教授在《做教师真难,真好》中写道:不是所有的阅读都是有价值的,它必须是"生命在场"的阅读。首先,是作品作者的生命在场,即阅读是读者与作者"活生生的灵魂照面",而且这灵魂必须是占据了历史与时代精神高地、高峰的前贤和时俊,又是各有个性、各有独特的价值追求的。其次,还必须有作为阅读者的学生和教师的生命在场。这样的阅读也就必然是个性化的:每个人都以自己的生命体验去逼近文本中的前人的生命,使自己生命中的某个敏感点得到激发,形成"神交",这也就是"个性交游"。这样,我们就有了编写者的生命、作者的生命、读者(教师与学生)的生命同时"在场"。这就是"众生喧哗的生命场"。这也是我们所"期待"的阅读境界、教育境界:先是"倾听"文本中众生命的呼唤;然后,自己"参与"进去,与之"对话",在精神的"互动"、共震中"享受"生命的欢乐;然后,

"沉静"下来，进入生命的"沉思"和"追问"；最后，走出书本，"直面生活"，进行生活的"实践"、生命的"创造"，实现生命的"自主"、人生的"开放"。

是啊，语文教学中教师、学生、作家、主人公的生命都在场，学生在和他们互动的过程中看到他人的人生、思索自己的人生——这意味着，语文教学有可能改变学生的人生！这是多么值得珍视的高级语文教学目标。

我在上中学的时候，被台湾女作家三毛的一套游记深深地吸引，读她的书，同时在精神上和她一起游历世界。这套书给我带来了震撼，我惊喜地知道，一个人可以这么活着！可以用燃烧生命的方式活着！可以不朝九晚五地活着！可以自己给自己定一个标准并按这个标准活着！从我现在的生活状态和价值观来看，三毛及她的书一定对我的人生轨迹产生了影响。初中、高中阶段我看了百本以上的世界名著，还有小学时妈妈给我订的月刊《儿童文学》和高中时订的《作品与争鸣》，这些作家和作品中的人物陪着我度过了懵懂的儿童岁月和萌动的青春年华，在我的生命中刻下了明确的痕迹。我和那些作者在心底对话，和作品中的主人公同呼吸共命运，我看到并思索他人的人生，同时也思考我要过怎样的人生。

每个人只有一次生命，但通过语文我们能够了解他人五彩斑斓的人生，从中能够感悟他人对人生的评价和思索，这能够极大地扩展我们生命的宽度和厚度，以更多的视角思考人生、品味人生。如果我们承认教育是改变人、成就人的工作，语文教学就要讲出生命、讲出人生感悟，就要通过作品改变学生的人生、成就学生的人生。

(3) 情感共鸣

趋乐避苦是人的本能，我们从哪里获得快乐？又在哪里消解痛苦？

网络上有一篇文章《宋词是一朵莲花》：闲时信手翻了翻宋词，不觉悠然心会："少年听雨歌楼上，红烛昏罗帐。壮年听雨客舟中。江阔云低，断雁叫西风。而今听雨僧庐下，鬓已星星也。"读来不觉喟然长叹。谁说小词只能娱情遣兴？这样的人生画景岂非情致深远、意蕴浑厚？读宋词，触摸的是形象，看重的是意境，享受的是美感。那些长长短短的句式，疏疏密密的韵脚，有着特别的音乐节奏感。宋词的真正魅力，不在于华美绚烂的辞藻和韵律，而在于百转千回、真挚动人的情感，在于深藏于文字中所充盈的饱满生命体验。我们能够不断从中寻觅鲜活的心境，捕捉生命中随之而来的崭新体验。古今的人性是一样的，心灵都会被那些曾经发生过的真情而感动。(http://blog.sina.com.cn/s/blog_6ffaf43c01018ij1.html？tj=1)

一个人能从阅读中获得这样的感动和喜悦，是多么的幸福！阅读已然成为她生命中的一个伴侣。

好文章的作者都怀着某种情感在写作，也都想要通过作品传达某种情感，因此，高级的阅读和语文教学就需要让学生能够体验作者的情感，产生相应的情感共鸣。

"悲伤着你的悲伤，快乐着你的快乐"，好文章不但能让我们感受作者的喜怒哀乐，也能产生相应的情感共鸣。语文教学能让我们和作者或者作品中的主人公对话，这会让我们感到有人在倾听，能够理解我们的心绪。高明的作者通过好的作品能够将我们平时说不清道不明的情感高度提炼并且淋漓尽致地表达出来，读这样的作品会让我们"沉"进去，因为作品说出了我们想说而又说不出的话，我们想要表达而又表达不出的感情，这样的阅读一定会让我们大呼过瘾，感到非常舒畅！

杜甫在《茅屋为秋风所破歌》中写道："布衾多年冷似铁，娇儿恶卧踏里裂。床头屋漏无干处，雨脚如麻未断绝。自经丧乱少睡眠，长夜沾湿何由彻！安得广厦千万间，大庇天下寒士俱欢颜，风雨不动安如山！"这怎能不让我们为杜甫的济世情怀感动？而对于一个在外拼搏、艰难度日的人，读到这样的诗又怎会不心有戚戚焉？

杜甫在《闻官军收河南河北》中写道："剑外忽传收蓟北，初闻涕泪满衣裳。却看妻子愁何在，漫卷诗书喜欲狂。白日放歌须纵酒，青春作伴好还乡。即从巴峡穿巫峡，便下襄阳向洛阳。"当人生中出现让人大喜过望的事情，或者长期的情绪压抑突然获得释放，我们很有可能会大声吟唱这首诗吧。

我们可以通过卡拉OK、购物、麻将、美食获得情感愉悦，但这种愉悦很可能是短暂的、表层的；而阅读好作品给我们带来的情感共鸣是心灵层面的对话，更厚重、更细致、更有趣味。所谓高级的语文教学，是教师在教学时要从作品中获得感动，将这种感动传递给学生，进而让学生有意识、有能力主动从文学作品中获得情感的共鸣。

（4）美的熏陶

就像现在饮食和服装对人的意义不仅是果腹和保暖，其中还有美的追求一样，感受美、表达美是教育的一个核心目标——美育，也是语文教育的重要目标。语文作为美育素材有得天独厚的优势，语言是承载美、表达美的有效载体，名篇美文就像优美的"文字的音乐"，能给人带来极大的美的享受和熏陶，美妙的语言会让学生觉得齿颊留香，回味无穷。教师引导得好，学生就会琢磨，这文章怎么写的呢？怎么写得这么好、这么美呢？进而尝试着用语文来表现美，这样将是多么巨大的教育成就！

发现美、感受美不仅需要训练和指导，需要掌握一定的方法，还需要相应的体验和思考。语文教师在教学时，要有意识地挖掘作品的内容之美和形式之美，有意识地提炼、讲授名篇美文的表达方法，向学生展示作品所蕴含的美好情怀，引导学生欣赏作品的遣词用句，体会其中的精妙。正如近代学者王国维在《人间词话》中写道："'红杏枝头春意闹'，这一'闹'字而境界全出；'云破月来花弄影'，这一'弄'字而境界全出矣。"

另一方面，教师要以"一切尽在不言中"的方式让学生近距离感受文学作品，被文字和思想的美所触动。这就好像对一道美食没必要进行理论分析，你也会被它的美妙滋味所感动。有些文章分析得太多，反而会显得琐碎和零乱，破坏了文章的美。此外，文章的美是内心感受的抒发，有美的体验才能写出美的文章，否则就会无病呻吟，空洞无物。因此，教师要引导并鼓励学生用眼、脑、心感受生活中的美，要给学生创造机会让他们接触自然、接触社会，从而积累美的经验，提升感受美的能力。

总之，高层次学科素养是教师在把握教学内容时需考虑的首要线索，如果教师讲李煜的《虞美人》："春花秋月何时了，往事知多少。小楼昨夜又东风，故国不堪回首月明中。雕栏玉砌应犹在，只是朱颜改。问君能有几多愁，恰似一江春水向东流。"怎能不讲词作者的经历及其历史背景，怎能不从中探寻人生感悟，怎能不让学生感受作者复杂、细腻、哀痛的情感抒发，又怎能不让学生体验这首词高超的写作手法及凄美的意境。

苏轼说"腹有诗书气自华"，读书最终要改变一个人的气质乃至这个人本身，这是语文高层次素养的一种表达。语文老师在教学时要"立意高远"，以上述四个方面为目标处理语文教学内容，在教学中有意识地凸显与传递文化、引领学生感悟人生、激发学生感受文章的美并产生情感共鸣，这样才能超越具体的语文知识，让语文教学更"高级"，让学生获得更有价值的成长。

篇幅所限，以数学和语文学科为例，说明了这两个学科的高层次学科素养。有些可以被其他学科借鉴，如文化传承、人生感悟、情感共鸣、美的熏陶等，在美术、音乐、英语、历史、思品等课程中也有所体现。同时，每个学科的高层次学科素养也都有自己的特点和侧重点。

例如，高中物理教师教学用书（《高中物理新课标教师教学用书·必修1》）中有这样一段话：什么样的人才算具有较高的科学素质？这不仅要看他的科学知识有多少，而且要看他的言行所反映出的，他对科学本质的认识程度，以及对科学过程、科学方法的领悟，特别是他的价值观在多大程度上与科学的价值观相一致。所以，对于以后不去研究物理学的学生来说，后者是中学物理更重要的教学目标之一。

人的科学素质表现之一是"说话要有根据，说话要合乎逻辑"。例如，关于做匀速圆周运动物体的加速度的方向问题，可以从小球在水平桌面运动时的受力体验出发，得知做匀速圆周运动的物体受力的方向。但是，这种做法得出的结论有可能是不可靠的。本教科书则是利用加速度和矢量运算的知识，在普遍情况下得出做匀速圆周运动物体的加速度的方向，这样得出的论断才具有一般性。对于许多将来不以科学技术为职业的学生，也许匀速圆周运动的知识将会忘记，但一次又一次这样的逻辑训练将长留心中，成为他们的潜意识和价值观。学生将来应该思维有条理、看问题不片面、善于认识新事物。

这段话写得好！科学素质——物理及科学教学的高层次学科素养，确实和数学思想一样，让学生终身受益，即使学生将来不从事数学和物理方面的专门工作，这些也是更重要的教学目标。

三流教学教知识，二流教学教方法，一流教学教素养。老师们，我们在教学时不但要埋头拉车，更要抬头看路！我们要仔细思考、品味所教学科的高层次学科素养，分析其内涵及其表现形式，并尝试着力将其落实在日常教学中。

任何一个学科教师在备课、教学时都要超越具体的学科知识，将其附着在高层次的学科素养上。看起来是同样的知识，教师如果定位于一个高远的目标，学生就有更大、更有价值的收获。当教师在教学时凸显高层次学科素养，展现学科中最迷人、最有价值的成分时，不但学生会被吸引，教师自己也会融入教学，体验到愉悦感和成就感。教师要有一种信念，教学是给了学生一把剑，并且教会学生一套剑法，但这不是全部，也不是最重要的，最高级的目标是"人剑合一"——这把剑成为剑客生命中的一部分！剑客在舞动这把剑时，你能看到美、看到感动、看到智慧、看到信念、看到勇气……

2. 思——高品质思维能力

高层次学科素养是一个很好用的工具,但这个工具能不能被恰当使用,还和用工具的人的能力有关,而对于人来说,最核心、最具能动性的就是"思维能力"。

学生的思维能力和教学效果相辅相成,学习必须依赖思维,而学习的过程也是提高思维素质的过程,这就好像登山需要良好的身体素质,而登山的过程又提高了身体素质。因此,教师在处理教学内容时,有意识地以教学内容为载体,培养学生的高品质思维能力,凸显教学内容和教学过程对提高学生思维素质的价值,这是把握教学内容的一个重要出发点。

1. 优化学生的记忆

不可否认,通过学习学生的头脑中记了很多东西,但将"记忆"与"背"甚至"死记硬背"画上等号,这是大错特错了。

我在上小学的时候,每次考试前都有很多要背的内容,当时真是死记硬背,像和尚念经一样一遍又一遍。我父亲说:"你得先理解了,弄清楚你背的东西是什么意思。"我母亲当时马上反对:"你别打岔,时间这么紧,你让他赶紧背。"现在我确认,我父亲是完全正确的,有口无心背的那些东西,记忆的效率很低,而且考试完立即就忘掉了。我从小到大背了那么多的东西,绝大部分都没有对我的学业产生积极影响,甚至都没有留下痕迹,但是这个过程所浪费的时间却再也回不来了。现在，很多学生还在这么背着，教师还在这么要求着，这真让人觉得遗憾！

因此，关于记忆有两个问题值得考虑，一是为什么要记忆，相关的问题是哪些内容需要记忆；二是如何进行记忆。

（1）以理解为基础进行记忆

从心理学的角度，记忆有登记、整理、存储、提取几个环节。整理这个环节最为关键、对记忆的效果和价值影响最大。人的记忆和照相机有相似之处，但绝不相同。照相机将能"看到"的所有信息收集、存储，而人在记忆的当下就会对信息进行初步的整理和加工，最明显的特征就是赋予信息以"意义"，即将记忆信息与头脑中的相关内容匹配起来。有口无心的死记硬背，存储的都是原始的、初级的信息（如语音信息），缺乏对这些信息的理解（如语义信息），这些内容因没有进入已有的认知结构而特别容易破碎和遗忘。

当棋子在棋盘上随机放置的时候，专业棋手记忆棋子位置的能力并不比新手强，而当棋子的摆放符合现实中可能出现的棋局时，专业棋手的记忆明显优于新手。因此，我们强调有效的、优质的记忆是"理解基础上的记忆"，这依赖于学生对记忆材料的深加工。举例来说，让一个三岁的孩子每天背古诗，只要他足够勤奋、足够有耐心，几个月的时间就会背大量的古诗，但这种记忆是机械的、缺乏理解的，和复读机没有什么不同。郑渊洁曾经说过，一个二十岁在外打工的青年，即使他以前从来没有听过李白的《静夜思》，在逢年过节时听到"举头望明月，低头思故乡"也会泪流满面，而且只听一遍这一辈子就再也不会忘掉了，这是因为他深刻理解了这首诗。中小学的绝大部分知识都需要理解，当理解这个环节做得足够好的话，学生就不必有那么重的记忆负担，而且记忆也变得更有意义了。

幸运的是，我在考研究生时实现了父亲对我的期望。我从自动化专业转到教育心理学专业，所有需要考试的课程都是新的。对于每一门课，我没有去背，而是不断地阅读、想象、联系。所有的内容在没有真正理解前我是不会去背的，令我惊喜的是，一旦理解了也不需要死记硬背了，这些内容会鲜活而又深刻地"印"在脑中。直到现在，那时应考所学的内容我现在不但记得而且能够应用在当前的学习和工作中。因此，强烈建议教师要引导学生加强理解基础上的记忆，如何加强理解请参见后面的内容。

（2）在应用过程中进行记忆

一个人拿到几十页的汽车驾驶手册，可能背上几天都背不下来，而且还会痛苦不堪，可是一旦上车实际操作，边学边记，很快就会开车了，对手册中的内容也完全理解并且能够牢记不忘，这就是基于应用的记忆。教师在处理教学内容时要考虑其应用背景，设置好的任务情境，让学生在解决实际问题的过程中使用知识，此时记忆将伴随发生，而且效率高，效果好。如何促进学生的应用，请参见本书第九章"动"中关于"案例教学"和"任务驱动"的内容。

（3）加强记忆的趣味性

运用编顺口溜、形象记忆、联想记忆等方法可提高记忆的趣味性，优化记忆效果。我的一个学生在作业中写道：历史老师讲文艺复兴时期有三位杰出的艺术家拉斐尔、达·芬奇和米开朗琪罗，他对同学说记住"拉大米"三个字就记住了这三杰，全班哄堂大笑，果然没有一个人忘记这个知识点。

我在上小学一年级的时候，老师教我们拼音规则，跟我们说："小鱼小鱼有礼貌，见了 j q x 就摘帽。"已经过了三十多年，我仍然记得很清楚。

2. 提升学生的理解力

理解是一种极为重要的学习过程，是个体逐步认识事物的内涵直至认识其本质、规律的一种思维活动。理解在所有的思维链条中起到了承上启下的作用：被理解的知识可以被更高效地记忆，只有理解的知识才有可能被进一步应用和分析。因此，在教学中提升学生的理解能力至关重要。

（1）概括、抽象和推理是理解的核心思维过程

按照建构主义的教学观，理解像"消化"一样，将新的学习内容变成个

体能够接受的成分，这同时也是一个"生长"的过程，个体的认知结构通过理解得以完整、扩大或更新。判断学生是否理解及理解水平的重要依据包括：

● 学生能够将学习内容进行转化

转化有两种形式：一是从一种抽象水平转化到另一种抽象水平，如将文章中的一段话用更通俗易懂的形式表达出来，或将一段具体、形象的描述转化为理论化的表达。二是抽象符号之间的转化，如将一段描述转化为图表，以函数表现物理现象，英语和汉语互相转化等。

● 学生能够对学习内容进行解释

给学生一些调查数据和调查背景，要求学生对数据进行解释；或者呈现某个化学现象，让学生对该现象的成因进行解释。转化是一对一的信息变换，而解释需要整合更多的因素综合考虑。

● 学生能够形成推断

学生在获得相应信息和背景的基础上，能够对事物发展的趋势和结果进行推理和判断，如根据生态平衡的原则，对某个生态群落的发展变化及其结果进行推断。

以学习鲁迅的文章《祝福》为例，学生首先得了解故事的情节，总结其主要内容，看是否能用自己的话说出来，是否表达得完整、通顺、重点突出。进而，学生还需要分析人物的言语、行动、外貌及其所处的社会环境，最后对祥林嫂这个人物形象形成综合性的认识：祥林嫂具有勤劳、善良、淳朴的品质，同时具有一定的反抗精神，但她在封建礼教的摧残下，终于默默无声地死去了。于是，学生们作出这样的判断：祥林嫂是一个反映了旧中国劳动妇女悲惨命运的悲剧形象。最后，学生还要分析这篇文章的写作方法和技巧，探讨作者为什么要设置某个情节，如柳妈对祥林嫂的态度变化。

从对《祝福》的理解，可以看到理解依赖三个核心的思维过程。

首先是概括。让学生将文章的主要内容进行归纳和总结，这考察了学生的概括能力。理解的标志之一，是对所理解的对象能用自己的话表达出来。

如果学生的概括完整、通顺、重点突出，这当然从一个角度体现了学生对这篇文章的理解。

其次是抽象。"祥林嫂是个反映了旧中国劳动妇女悲惨命运的悲剧形象"，这个判断已经"由个别推出一般"，带有抽象的性质了，祥林嫂超越了一个具体的个体而具有了象征意义。著名作家丁玲说，"祥林嫂是非死不可的，祥林嫂是被封建政权、族权、夫权、神权四条绳索绞死的"。这样的理解高度抽象同时又直指本质，体现了理解较高的境界。

最后是推理。在对这篇文章理解的过程中，有许许多多的问题期待解答，解答这些问题的过程就是理解的过程，对这些问题的回答就是理解的成果。例如，祥林嫂听了柳妈让她"捐门槛"的话，为什么"非常苦闷"？祥林嫂为什么想要知道"人死了之后，究竟有没有魂灵"？最后致使祥林嫂精神彻底崩溃的原因是什么？

概括和抽象在理解过程中的作用是"把握事物的特征"，概括和抽象分别在现象和本质层面把握事物的特征，在这个过程中"比较"是必不可少的。例如，教师在讲解一篇文章时如果能将作者不同时期的作品进行对比，或者与另一个作家的作品进行对比，一定更有助于学生概括出这篇文章的本质特征。这一点请参看本书第八章"比——打比方、举例子、作比较"中有关"比较"的相关内容。

(2) 基于问题驱动的理解最有效

问题是形成理解的源动力，有些学生在学习中不求甚解，对所学知识没有形成真正的理解，这与其机械、被动地学习，缺乏问题意识有密切关系。解决问题是一个主动探究的过程，需要概括、分析、综合等思维过程的介入，非常有利于学生理解所学内容。

在教学中，有两类问题是学生理解学习内容的好载体。

● 理解概念——解决"是什么"的问题

在生物学习中，书上关于生物的定义是："生物具有6个重要特征：都具有细胞结构，含有相似的化合物，进行生命活动时需消耗能量，都能生长和发育，对周围环境有适应性，并都有生殖能力。"这是生物学习的基础概念，学生必须理解而不是简单背下来。如何促进学生对这个概念的理解？可将理解概念附着于解决问题的过程中，抓住定义中的关键词——"细胞结构""化合物""生命活动""生长""发育""适应性""生殖能力"——给学生提出问题：什么是"生长"？什么是"发育"？什么是"适应性"……若要解决这些问题，就必须对这些抽象的概念进行"解码"，包括具体化、对比、辨析等。例如，生长是"变大"的过程，而发育是使有机体结构变得更加复杂的过程。这样的解释可以"稀释"概念的抽象性。如果学生仍然感到迷惑，教师要进一步给学生举一些更加具体的例子，或者启发学生自己构想、提供一些例子。再如，小货车用久了会生锈，发生了变化，但这与生物的生长变化有什么区别呢？由于学生的多种思维参与了对概念的主动加工，学生可以真正"触摸"到概念的内涵、外延，在此基础上总结其本质特征，在自上而下和自下而上的交互作用下实现对概念真正的理解。

再举一个文科教学的例子。我国诗歌文学的特点有哪些？这个问题的本质是总结我国诗歌文学的特点"是什么"。课本上的解释："我国诗歌文学虽式样各异，但有一点相通，那就是重视意境的创造。"理解这句话的关键是"意境"，什么是"意境"？什么又是"意境的创造"？教师可向学生呈现真实案例对此予以说明，如《牡丹亭·惊梦》："原来姹紫嫣红开遍，似这般都付予断井颓垣。良辰美景奈何天，赏心乐事谁家院。"让学生体会这首诗中心意与物境的融合无间，理解其中的意境及意境创设的方法。

总之，将需要理解的学习内容作为一个"是什么"的问题，会有效调动学生学习的主动性，引发多种思维的介入，突破对学习内容低层次记忆的状况，更有利于实现真正的理解。

● 理解因果关系——解决"为什么"的问题

如果说解决"是什么"的问题帮助学生理解事物的内涵和本质，那么解决"为什么"的问题则帮助学生理解事物之间的关系。

在日常生活中，孩子在小的时候都特别喜欢问"为什么"，这是我们理解和探索世界最自然、最普遍的方式。在各个学科的教学中，都有大量机会提出和解决"为什么"的问题。如语文教学中让学生分析文中人物为什么有某种言行；数学教学中问学生为什么买大的鸡蛋要比小的鸡蛋划算；历史教学中让学生思考日本为什么要偷袭珍珠港；地理教学中让学生思考为什么孟买能够成为印度最大的棉纺织中心；生物教学中问学生为什么与恐龙同时代的蕨类植物能够存活到现在；化学教学中让学生思考为什么加入某种催化剂之后化学反应变得迅速而又剧烈。

解决"为什么"的问题其本质是寻找因果关系，以推理这种思维能力为核心。恰当、有效的推理依赖两个条件：一是获得足够的事实性信息，二是能够将这些信息之间的关联搞清楚。这就好像福尔摩斯去探案，他一定要尽量多地从各种渠道采集相关信息，又要尝试将这些信息关联起来，形成清晰的逻辑链条。收集信息和关联信息往往是交互的，信息收集为信息关联提供基础，而信息关联又为信息收集提供方向和驱动。

例如，在上述问题中，"日本为什么要偷袭珍珠港"，比较好的教学方法是：给学生呈现若干原始材料，或者让学生收集若干材料，这些材料必须是关键的，如1941年7月2日日本御前会议的决定、珍珠港的地理位置图、当时的战事进展报告、战争各方的关系及佐证材料等等，让学生从这些材料中解读、分析日本偷袭珍珠港的原因。学生在收集、阅读这些材料的时候，一定程度上经历了历史学家研究的过程，这样不仅提高了学生的思维能力，让学生掌握了思维的路径和方法，而且也体现了"史由证来，政史合一；史论结合，论从史出"的历史学科的核心素养。

(3) 理解需要知识基础和新旧知识之间的联系

理解是需要若干知识作为基础和储备的。为什么外行人看专业的经济报告会难以理解，因为里面有太多的概念和术语是我们不知道或不能理解的，这就像一个个拦路虎一样阻碍我们理解整个报告。因此在帮助学生理解某些内容时，一定要注意铺垫，要了解学生已有的知识储备情况，为学生理解目标内容补充必要的知识基础，还要注意观察学生的反应，了解他们不能理解是"卡"在哪个环节或缺乏哪些知识。例如，在理解一篇文章的时候，对于作者的某些表达内容和表达方式，可能需要提供更多的信息才便于理解，包括作者的生活经历、写作当下的特定事件、某个情节的背景信息等。

为理解奠定知识基础有两种方式，一是为学生提供新的知识，二是将学生已有知识和经验激活，将需要理解的新知识与已有知识联系起来。打比方、举例子、作比较是最常用，也是很有效的将新旧知识联系起来的方法。例如，大科学家费曼小的时候父亲和他一起看书，在读到"恐龙的身高有25英尺，头有6英尺宽"时，父亲给他解释"恐龙站在门前的院子里，那么它的身高足以使它的脑袋凑着咱们这两层楼的窗户，可它的脑袋却伸不进窗户，因为它比窗户还宽呢！"这就将新的知识（恐龙的身高、头宽以及长度单位）与费曼已有的经验（二层楼的高度和窗户的宽度）联系起来了，让费曼能够理解25英尺、6英尺所表达的长度是多少。如何打比方、举例子、作比较，请参考本书第八章"比"中的相关内容。

3. 强化学生的应用思维

我曾经在宾馆浴室的墙上看到"小心滑倒"被翻译成：Please carefully slide. 这可不是让客人小心，而是请客人"仔细地滑落"！在另一家宾馆，"地面湿滑，请小心"被翻译成 Please take care of the wet ground. 这个意思是好好照顾湿润的大地。看着这样的翻译真让人哭笑不得。我特意问了经理，这些是谁翻译的——都是刚毕业的大学生。可怜，学生学了那么多年英语有什么用？！

犹太人认为，智慧与知识不一样，拥有知识说明你"知道"，而智慧是你如何把你知道的东西和日常生活结合起来。犹太圣贤这样教导犹太人：读过很多书的人，如果他不会用书上的知识，就是一只驮着很多书本的骡子。因此，"学以致用"一直是我们追求的教学中极为重要乃至核心的目标，教师在处理教学内容时，可从以下三个层次强化学生学以致用的思维能力。

(1) 封闭式的应用

有这样两道试题：

试题1：医生告诉一对夫妇，由于他们具有相同的病态基因，如果他们生育一个孩子，这个孩子患遗传病的机会为1/4，这意味着(　　)

A. 如果他们生育三个孩子，那么，三个孩子都不会得遗传病。

B. 如果他们的第一个孩子有遗传病，那么，后面的三个孩子将不会得遗传病。

C. 如果前面的三个孩子都很健康，那么，第四个孩子肯定有遗传病。

D. 如果他们的第一个孩子有遗传病，再生一个孩子还有可能得遗传病。

试题2：两个科学家想知道一种治疗高血压的药物是否肯定有效。第一位科学家把药给1000个高血压病人服用，然后观察有多少病人的血压有所下降；第二位科学家则将病人分成两组，第一组500个高血压病人服用，另一组500个病人则不服用，观察这两组病人中血压下降情况如何。请问，两位科学家哪一位的方法更有效？

A. 第一位　　B. 第二位　　C. 一样有效　　D. 无法判断

这两道题出得很好，考察了学生的应用能力。之所以将其称为封闭式，是因为应用的知识是定向的，解决问题的路径是明确的，学生需要做的是"搜索"已有的知识和技能来解决问题。对于封闭式的应用来说，教师要抓住两个重点：一是明确要应用的知识，这往往是教学的目标。第一题中的教学目标是遗传概率，第二题的教学目标是科学方法，两道题的目标都非常清晰。二是要设计一个好的问题情境，促使学生"搜索"目标知识以应用于这个情境。对于封闭式的应用来说，问题情境是新的，但这个情境与学生学习时的情境又是相似的，这是一种较低水平的迁移，也是称其为封闭的原因。

(2) 半开放性的应用

有这样一个问题：现有一台天平，其两臂长略有差异，其他均精确，还能测出物体的真实重量吗?

解题方法:假设物体的真实重量为 G,在两臂不等的天平两边各称一次,两次称出的重量分别为 a 和 b,天平两臂长分别为 L_1,L_2,根据杠杆平衡原理,可得到 $GL_1=aL_2$,$GL_2=bL_1$;$G^2=ab$;$G=\sqrt{ab}$。

再看另一题:一个铸铁做的实心人像,成年人的大小,现在要把它搬走,估计一下它的重量。

A. 300 公斤   B. 600 公斤   C. 1500 公斤   D. 2500 公斤

解题方法:铁像和一个成年人的体积差不多,一个成年人的体重我们可以估计为 70 公斤左右。铁的密度是 7.8 千克/米^3,如果我们知道人的密度就可以解决这个问题了——用铁的密度除以人的密度再乘上人的体重。人的密度大概是多少?这是此题最关键的部分。许多学生判断人的密度比水略大,因为人体 70% 由水组成,其余部分是骨骼和肌肉,所以比水密度大。这种判断方法是错误的,因为人体内还有空气、脂肪等比水密度小的物质。正确的判断方法是看人在水里的状态,绝大部分人在水里都会浮着,但只能浮出来很小的一部分如额头,这说明绝大多数人的总体密度比水略小,这样估计下来选 B 是对的。

这两道题是非常典型的"半开放性"问题,学生并不能通过搜索已有的知识直接解决这个问题。解决这类问题需要找到关键之处,类似几何题中做辅助线,一旦恰当的辅助线做出来,问题就迎刃而解了。第一题的关键在于"两边各称一次",第二题的关键在于"估计人的密度"。这两道题所用的知识都不多,也不难,解决问题的过程涉及学生熟悉的若干知识,但只靠简单拼接知识是不够的,关键是找到解题的"肯綮",这恰恰是半开放性题目的魅力,也是提高学生应用能力的好载体,因为生活中有大量与此相似的问题。

那么,如何提高学生解决问题过程中找到关键点的能力呢?最重要的是"熟能生巧"。要找到解决问题的"巧劲儿",熟练是必需的,这就需要一定量的练习。练习有两个价值,一是获得知识,二是习得方法。解决任何问题都需要知识,练习使得学生反复接触、回忆、理解知识,使得学生积累的知识数量和"活性"都得到提高,在遇到新问题时,这些知识储备可以被有效地激活、调用。练习还能丰富学生解决问题的方法和策略。生活中一个人通过历练,得到的是为人处世的方法和策略,学生通过恰当的练习同样也能获得解决问题的方法和策略,当学生积累的方法和策略足够多,面对新问题时就更有可能形成有效的迁移。关于解决问题的方法,请参考本书第三章"实"中的相关内容。

需要注意的是,练习固然重要,但不能将练习等同于题海战术,教师要精选练习题,这些题目所蕴含的知识和方法要丰富,要典型。同时,教师在指导学生练习时还要注意及时总结,将解决问题所用的知识和方法进行概括、归类、对比,从而提高知识和方法的"活性",当学生面临新情境时知识和方法更容易被激活和迁移。

(3) 开放性应用

开放性应用是指问题的确定、方法的选择、探索的程序、问题解决的结果等都具有高度开放性。如写作文、做社会调查并撰写调研报告、为农场设计一个促进生态平衡的养殖规划、设计一个化学与生物知识相结合的污水处理方案、为低年级学生做一个有关当地地质演变的报告、装饰学校的走廊等等。

学生解决这些问题需要整合多方面的知识,包括学科内知识的整合,甚至是跨学科知识的整合。这种层次的问题具有相当高的开放性,表现在问题、解决问题的路径、问题解决的结果都具有开放性,学生需要根据具体的问题进行尝试和摸索,对于学生活学活用的能力有较高的要求。

对于完全开放的应用,有一点需要强调,问题是开放的,但所用的知识和方法是有一定范围的,这个范围就是我们希望学生通过解决问题而学习、获得的知识和技能。这与科学家的工作是不同的,学生解决问题的本质目的是"学习",而科学家的目的是"创造"。

此外,学生解决开放性问题时,教师不能放弃指导和引导,不能认为解决这类问题就是由着学生去做。开放性问题也许没有标准答案,没有固定的方法，但是应该有好坏的标准，即教师要判断，学生用的知识是否恰当、充分，方法是否有效，问题解决的结果怎么样。只有这样，学生才能在解决问题的过程中真正学到东西，有所收获。

4. 鼓励学生的批判性思维

全世界范围的教育都非常重视学生批判性思维的培养，因为需要通过教育培养有独立思考能力的、明智的公民。

儒学大师梁漱溟在《这个世界会好吗：梁漱溟晚年口述》说道："他（指毛泽东，作者注）对老中国的看法跟我的看法不一致。主要的一个问题是什么问题呢？就是阶级问题。他是阶级斗争，我就说中国的老社会，秦汉以后的社会，特别是从明代、清代600年以来的社会——早的社会我们不太清楚、不大敢说——明清以来的这个社会，在我看，贫富贵贱当然有，可是贫富贵贱可以上下流转相通，它不是像外国那样的一个阶级，很固定很成型，没有固定成型，而是上下流转相通。中国社会散漫，流转相通呢，它就散漫。散漫就斗争不激烈，不像两大阶级，一个贵族，一个农民或农奴，中世纪的，或者后来的资本主义社会，资本家跟工人两大阶级，中国缺乏那个东西。中国人喜欢调和（笑），斗争还是有，不过不大习惯斗争，斗争的两面，强大的也没有。我说这个话，他也不能完全否认。辩论很久了，他最后就说了：梁先生，你过分强调中国社会的特殊性，但是中国社会还是一个人类的社会，还有它的一般性嘛。我说对，你说的话，我完全同意。不过，正因为我完全同意你说中国有它的一般性，也有它的特殊性这样子，可是我要强调特殊性要紧。比如说，一个人，你认识这个人，你说你认识这个人，这个样就……你要说这个人的特色是怎么样一个人，那么算是认识了这个人。不能从'一般的'去说，说这个人是个人，或者这个人是个男人，这个人是个中年人，这都不行，你得说出这个人的特点，你才算是认识了这个人。因此，我说你这个不如我，我是抓住中国社会的特色的一面。"

从梁漱溟的这段话中,我们可以清晰地感受到这位大学者知识丰富、学养深厚、富有洞见,更可贵的是他表现出来的独立思考的精神和勇气,其核心就是批判性思维。

那么,什么是批判性思维呢?概括地说,批判性思维是指对思维对象的真实性、精确性、性质与价值进行审视和判断,从而对做什么和相信什么作出合理决策。(刘儒德,《论批判性思维的意义和内涵》,《高等师范教育研究》,2000,1)

批判性思维在教学中为什么重要?因为这是一个有自尊心、有独立思考意识的人必须具备的思维能力,这是人与生俱来的能力,也是每一个人的权利。

> 一位青年教师讲秦牧的散文《土地》,文中有这样两句话:"骑思想的野马奔驰到很远的地方""收起缰绳,回到眼前灿烂的现实。"突然,有一位学生问道:"老师,既是野马,何来缰绳?"这一下使毫无思想准备的老师一时张口结舌,支吾半天。最后,显得非常不耐烦地说:"你要是少钻些牛角尖儿,学习成绩还会好些吧!"老师的回答使这位学生非常难堪。
>
> (刘儒德,《论批判性思维的意义和内涵》,《高等师范教育研究》,2000,1)

学生提的这个问题非常好!这表现了学生对某些内容不太理解,更表现了学生敢于从自己的角度对所学内容进行评价和反思。对于这个问题,我想比较好的回答是:"这恰恰体现了思想的自由与现实的桎梏之间的矛盾。在思想上,一个人可以像野马那样无拘无束、自由驰骋;而现实就是要给这匹思想的野马套上缰绳!这既是作者对现实的感悟,也是对现实的批判。"面对学生的批判性思维,教师怎能忽视?又怎能感到不耐烦呢?教师因此丧失了一个良好的教学契机,多么令人遗憾。

加利福尼亚州立大学索诺漠分校"批判性思维与道德性批评研究中心"主任保尔说:"教师和学生没有学会推理的技术,他们往往成为贫困的问题解决者。教师分不清记忆他人结论的学生和凭借自己的思考作出结论的学生之间的巨大差异。"（钟启泉，《"批判性思维"及其教学》，《全球教育展望》2002，1）因此，批判性思维是区分容器式的、被动接受知识的学生和具有独立思考与反思能力学生的重要标准，是教育教学中必须着力保护和培养的高级思维能力。

批判性思维是由批判性思维技能和批判精神两个方面构成的。批判性思维必须以一般性思维能力（如比较、分类、分析、综合、抽象和概括等）为基础，同时还要具有一些特定的批判性思维技能。这些技能可以概括为下列八种：①确认议题和核心观点；②判断证据的可靠性；③判断推理的质量；④察觉未说明的立场、意图、假设以及观点；⑤从多个角度、结合多方面知识考察论证的合理性；⑥在更大的背景中检验论证适用性；⑦评定事物的价值和意义；⑧预测可能的后果等。概括地说，进行批判性思维就像评论家和法官那样进行审、查、判、断。

批判精神就是有意识地进行评判的心理准备状态、意愿和倾向。它可激活个体的批判性思维意识，促使个体朝某个方向去思考，并以审视的眼光来看待问题。具体来说，它包含下列六大要素：①独立自主；②充满自信；③乐于思考；④不迷信权威；⑤头脑开放；⑥尊重他人。（刘儒德，《论批判性思维的意义和内涵》，《高等师范教育研究》，2000，1）

在教学中如何提升学生的批判性思维？以下是一个案例：

在人教版化学（选修3）·化学反应原理第62页［练习］中有一个错误："试解释为什么NaHS溶液呈弱酸性，Na_2S溶液却呈较强碱性。"NaHS的水溶液呈弱酸性吗？换句话说在NaHS溶液中NaHS的电离程度大于水解程度吗？笔者做了NaHS溶液的酸碱性检测实验，发现NaHS溶液显碱性，另外笔者还查阅了H_2S水溶液的电离平衡常数，求算出了NaHS溶液的水解常数，发现NaHS溶液的水解常数大于其电离常数，这就说明NaHS溶液应该显碱性，教材的观点是错误的。本人曾以"NaHS溶液呈弱酸性吗？"为题写出论文并发表在《中学化学参考》2008年第10期上。教学时怎样充分利用这一案例呢？笔者设计了下列问题。

(1) NaHS 溶液呈弱酸性的观点你认为正确吗？[学生分组活动，质疑，讨论]

(2) 想一想你能从哪些角度说明你的观点？[从实验探究和理论探究的角度加以引导，使学生的批判层次深化]

(3) 请设计实验并验证你的观点。[学生设计实验并验证，教师提供指导]

(4) 请查阅资料从理论上探究你的观点的正确性。[理论分析计算求证结论，批判要言之有理，注意批判的深刻性和精确性，提高批判的逻辑性]

(5) 这一例子使你受到什么启发？[注重科学方法和科学精神教育，树立批判的信心和勇气]

(陈兴，《中学化学教学提高学生批判性思维能力的实践》，《化学教学》，2009，8)

从这个案例我们可以看出陈老师本人就有较强的批判性思维，最重要的不是他把教科书中的错误挑出来了，而是他凭借自己丰富的化学知识和素养，以审视的眼光和独立思考的意识敏锐地觉察到教科书中可能存在的问题，并以科学的方法进行论证，这极为典型地体现了上述批判性思维的内涵——思维技能和批判精神。更为可贵的是，陈老师还设计了有效的教学活动，训练、提高学生的批判性思维能力。

在文科教学中，当然也存在大量提高学生批判性思维能力的机会。例如，在学习一篇文章或一段历史时，不要简单让学生记住书上的结论和文字，而是要鼓励他们思考：

◇ 文中哪些是事实，哪些是作者的观点？
◇ 作者写此文的目的是什么？
◇ 是否有不同的立场，文本反映了怎样的立场？
◇ 文中素材来自何处？可信程度怎样？
◇ 作者的假定是什么？有没有偏见？

◇ 作者说了什么？没说什么？言外之意是什么？
◇ 作者所用语言有什么特点，有什么内涵？
◇ 作者采用什么写作手法达到其目的？
◇ 你认为作者是否说理充分，为什么？
……

世界上没有任何一种理论放之四海皆准，站在不同的立场就会有不同的看法，批判性思维能够让我们对事物形成更加平衡、更加全面的认识。以大专辩论会的论题为例："温饱是谈道德的必要条件""治愚（治贫）比治贫（治愚）更重要""愚公应该移山（搬家）""社会秩序的维系主要靠法律（道德）""先天遗传（后天环境）比后天环境（先天遗传）重要"等等，这些问题都没有标准答案，站在不同的立场就会有不同的观点和看法。对于这些问题，重要的不是得到一个结论，而是运用批判性思维对现象、理论进行多角度的分析和评价，这既是一种意识，也是一种能力。

需要强调的是，批判性思维并不是没有原则或者是非不分。比如，在学习《滥竽充数》时，有的学生说："我觉得南郭先生其实也很聪明，他虽然不会吹竽，但吹竽的动作装得像模像样，这么长时间都没有被人发觉，不是很聪明吗？"教师应当对此进行引导而不是赞同，教师的引导及其与学生的互动也是批判性思维的体现，对学生来说恰恰是提供了榜样。这一点将在"正"一章进行更详细的分析。此外，批判性思维绝对不是随心所欲的奇谈怪论，它恰恰强调的是"大胆质疑""严谨求证""理性精神""科学方法"。因此，教师在教学中，一方面要鼓励学生的批判精神，另一方面要优化学生的基本思维方法。

5. 培养学生的创造性思维

中小学生在学校里学习前人发现、积累的知识，需要创造性吗？答案是肯定的！以作文为例，为什么同一个主题不同的学生写出来深刻程度、精彩程度不一样？这是因为作文是一种较为典型的创造活动，本质上是对学生创作能力的考验，学生的逻辑思维能力、看问题的角度、对资料的占有和分析能力均有体现，作文的评价标准"有新意"就是对创造性的要求。

创造性思维是相对常规思维而言的，指针对当前问题，突破原有的思维范式，重新组织知识、经验、信息等要素，提出新的方案或程序并创造出新的具有积极意义的思维成果的思维方式。

每一个人都有创造性。一个车友发帖，题目是"小迈变身油老虎，让我如何老虎油"。小迈是大众的一款轿车"迈腾"的别称，老虎油是英文"love you"的中文谐音，这么简单的一句话，非常有趣味，新颖别致，让人印象深刻——这就是创造性。创造性思维是人类区别于动物的标志性基因。

在基础教育阶段，学生的创造性与科学家的创造性有相似之处，也有不同之处。相似之处在于，二者往往都包括新方法、新思路，形成新成果；不同之处在于，科学家的创造需要高度专业化的知识，并且遵循规范、严格的程序，而学生创造性的表现更天然、更自在。某种意义上，学生学习了新东西、解决了新问题，就是创造性的表现，强调的是学习中的新发现与新表达。

直觉、灵感和想象是创造性思维三个最关键的因素。

(1) 直觉

心理学家把意想不到的顿悟或理解叫直觉，这是人们的一种普遍的思维现象，属于创造性思维的范畴，它可以产生和形成于任何科学、艺术、技术等方面的思想和构思之中。

许多著名的科学家和艺术家都由衷地对直觉在知识创新中的作用给予了高度的评价。爱因斯坦曾说："思维中真正可贵的因素是直觉。"德国著名物理学家玻恩认为，"实验物理的全部伟大发现都是来源于一些人的直觉"。法国著名物理学家德布罗意指出："想象力和直觉都是智慧本质上所固有的能力，它们在科学的创造中起过，而且经常起着重要的作用。"彭加勒在《科学与方法》一书中专用一章论述直觉问题。他指出："逻辑是证明的工具，直觉是发现的工具。"美国著名社会学家、《第三次浪潮》的作者阿尔涅·托夫勒也说:"人人都要有'预感',换个文雅的词,就是要有'直觉'。"(张浩,《直觉、灵感或顿悟与创造性思维》,《重庆社会科学》,2010,5)下面是一个在教学中激发、利用学生直觉的案例:

演示1:让金属块和一张纸从同一高度,同时下落。让学生观察现象,问学生:"你看到什么?"很多学生由此得出结论:"重物比轻物落得快。"

演示2:将刚才用的纸团紧,让金属块和纸团从同一高度同时下落。问学生:"你看到什么?"学生回答:"同时落地。"再问学生:"两个物体的重量都没有变化,为什么和刚才的情况不一样了?"

这两个实验不但激发了学生的好奇心,更重要的是激发了学生的直觉思维,在严密的计算和推理前,有些学生可能想到造成这种现象的原因是空气阻力,这就是一种直觉思考。

演示3:抽去"钱羽管"中的空气,观察无空气阻力时重量不同的物体下落的情况。"钱币"和"羽毛"同时下落,这时学生能够对刚才的直觉思维进行确认:在没有空气阻力的情况下,重量不同的物体下落速度是一样的。

从演示1到演示2,提示了一个重要的线索,就是纸的重量没变,但是下落的速度变了,这自然推翻了"重物比轻物落得快"的结论。此时,一定有学生凭直觉想到是空气阻力造成这种现象,这个直觉的核心是"猜想"。而经过演示3,学生的直觉被证实了。由此可以看到,对于创造性思维来说,直觉这个环节是多么重要,正是有了直觉与合理猜想,才能驱动人们想办法证实它,进而获得新的知识、形成新的认识。此课例展示了人类认识和探索这个世界时的思维过程,只不过在教学中这个过程被高度浓缩,从中可以看到很珍贵的基于直觉的创造性思维。因此,这个教学过程的核心价值并不在于学生获得了具体的知识,而是启动了学生的直觉,让学生有机会经历直觉体验,发展合理猜想,为创造性思维奠定基础。

我曾经在给学生上物理课时提出这样一个问题:"在地面上抛出一个球,

不计空气阻力和浮力，出发时的角度是多少球能飞得最远？"此题答案是45度。我引导学生用公式解决这个问题后，又用了一种基于直觉的方法。我启发学生：球出发一瞬间的受力可分解为水平和垂直两部分，水平的力提供往前的能量，纵向的力提供往上的能量，前者决定了往前飞的速度，后者决定了飞行时间。二者此消彼长又相辅相成，只有速度没有时间不行（抛出角为0度的情况），只有时间没有速度也不行（抛出角为90度的情况）。因此，45度是最理想的，将能量"不偏不倚"地分给水平和垂直两个方向，飞行速度和飞行时间得到同样的保证，这使得二者"合作"的效益能够最大化——飞行距离最远。

这是一种基于直觉的解决问题的方法，还需要严密的推理来验证，但这种思维所体现的创造性和灵活性是非常珍贵的，它从一个角度深刻地反映了若干事物之间的关系，是一种优美而又有哲学味的思考方式。

(2) 灵感

心理学家认为，灵感是科学家和艺术家在创造过程达到高潮阶段出现的一种最富有创造性的思维心理状态。在这样的状态中，科学家会突然作出重大科学发现，文学家会突然构思出绝妙的艺术情节和动人的辞章、诗句。

著名科学家钱学森教授十分强调灵感在创造性思维活动中的作用，他说：凡是有创造经验的同志都知道光靠形象思维和逻辑思维不能创造、不能突破，要创造要突破得有灵感。

我在上高中的时候，物理老师给我们解释为什么宇航员在太空中会失重，他用了一种让我感到很有冲击力的方式进行解释："宇航员所受到的地球的吸引力（重力）全都用来产生向心力，使宇航员做圆周运动，'没工夫'让宇航员再有重量了。"这也能解释在电梯中为什么会"失重"——部分重力用来产生加速度，相应的部分重量"消失了"。这是多么灵动的想法，多么富有灵感的表达！

鸡兔同笼，70只脚，24个头，鸡有多少兔有多少？一种有趣的解题方法：让兔子起立，前脚举起，此时地面上还有48只脚，原来70只脚，还有

22只脚在哪里——兔子举起来了。因此，兔子有11只，鸡有13只。这也是由灵感所驱动的非常美妙的解题方法。

灵感可以理解为作文中的"点睛之笔"，或者绘画中的"神来之笔"，其核心是新颖、与众不同、突破常规，这对创造性思维很重要。也正是因为灵感的新颖和与众不同，使得有些灵感可能被忽视、误解乃至压抑。因此，教师在教学过程中要注意两个方面，一是像上述两个案例一样，以富有"灵感"的方式讲解学科知识，给学生做出榜样，启发学生的灵感；另一方面，教师要在思想上足够包容与开放，鼓励、欣赏学生富有灵感的表达，即使其中有不成熟的地方，教师也要加强引导，保护学生的新异思维。

有一点要指出，灵感或顿悟是创造者在顽强的、孜孜不倦的创造性劳动中，创造力高涨的时候所处的一种思维状态，任何灵感或顿悟都是长期辛勤劳动的结晶。俄国著名画家列宾说，灵感是对艰苦劳动的奖赏。俄国著名作曲家柴可夫斯基更是形象地说："灵感是这样一位客人，他不爱拜访懒惰者。"清人袁守定对此有相当精彩的论述："文章之道，遭际兴会，撼发性灵，生于临文之顷者也。然须平日餐经馈史，霍然有怀，对景感物，旷然有会，尝有欲吐之言，难遏之意，然后拈题泚笔，忽忽相遭，得之在俄顷，积之在平日，昌黎所谓有诸其中是也。"因此，灵感绝不是"突发奇想"，灵感的背后往往要有扎实的知识基础和持续、深入的思考，教师在教学中培养学生的灵感要建立在丰富扎实的学科知识、严谨求实的态度和刻苦努力的精神之上。

（3）想象

康德说："想象力是一个创造性的认识动能，它有本领，能从自然界所呈供的素材里创造出另一个想象的世界。"

下面是一个小女孩在3岁时"写"的小品文（妈妈为孩子记录）。

花儿为什么会开？

从前有一个小朋友，
看见路上有很多花。
小朋友问：花儿为什么会开呢？

花儿说：因为人们要看呐！

滑稽的故事

从前有一个巨人，他的手非常大，比房子还大。

可是他的手帕很小，比我的手还小。

这个巨人用这么小的小手帕擤鼻涕，你说滑稽不滑稽？

(萧愚著，《教育孩子需要大智慧》，中国电影出版社，2004)

这个小女孩的思维借着一双想象的翅膀，创造出了如此新颖、有趣、富有童真的文字！

学生在学习中的想象体现在两个方面，一是艺术性的想象，二是理性的想象，基于前者进行审美和美的表达，基于后者对客观世界形成新的认识。

在教学中，提高学生的想象力可在以下三个方面做出尝试。

● 激发学生的"联想"

基于"相似律""对比律"和"接近律"，激发学生将不同的事物连接起来，或因表象相似，或因本质相通，或是二者兼有。

《致橡树》是舒婷的成名作。1977年3月，她和蔡其矫先生在鼓浪屿散步。蔡先生感叹他邂逅过的美女多数头脑简单，而才女往往长得不尽如人意，纵然有那既美丽又聪明的女性，必定是泼辣精明的女强人，让人望而生畏。舒婷与其争执不休，天下男人都要求女人外貌、智慧和性格的完美，以为自己有取舍受用的权利，其实女人也有自己的选择标准。当天夜里两点，她一口气写完《致橡树》。以下是其中的一部分：

我如果爱你——绝不像攀援的凌霄花，借你的高枝炫耀自己；

我如果爱你——绝不学痴情的鸟儿，为绿荫重复单调的歌曲；

也不止像泉源，常年送来清凉的慰藉；

也不止像险峰，增加你的高度，衬托你的威仪……

我必须是你近旁的一株木棉，

做为树的形象和你站在一起……
你有你的铜枝铁干,像刀,像剑,也像戟;
我有我红硕的花朵,像沉重的叹息,又像英勇的火炬。
我们分担寒潮、风雷、霹雳;
我们共享雾霭、流岚、虹霓。
仿佛永远分离,却又终身相依。

这是一个极为典型的例子,作者通过丰富、动人的联想,创造性地塑造了橡树和木棉的形象,完美、深刻地表达了写作意图——在爱情中女性不是男性的附庸,爱情需要以人格平等、个性独立、互相尊重、相互倾慕、彼此情投意合为基础。正是基于独特的想象,使得这个作品无论在内容和形式上都实现了创新。

● 支持学生进行"建构"

面对新现象、新问题,有时需要通过想象回答这些问题,此时的想象是一个"建构"的过程,即以假设、推测的方式填补未知的部分,从而能够"讲一个完整的故事"。

1827年,苏格兰植物学家布朗发现水中的花粉及其他悬浮的微小颗粒不停地作不规则的曲线运动,他称之为布朗运动。这个新奇的现象,原因是什么?50年后,植物学家耐格里"联想"到物理学中气体分子以很高的速度向各方向运动的现象,他"推测"在阳光下看到的飞舞的尘埃是气体分子向各方向撞击的结果。他说:"这些微小尘埃就像弹性球一样被掷来掷去,结果如同分子本身一样能保持长久的悬浮。"

耐格里的"联想"和"推测"正是在进行"建构",通过想象,将未知和已知联系起来。充分、恰当的想象,为后续的研究提供了重要的线索,是创造性思维链条上的重要一环。

在实际教学中,教师同样可支持学生进行"建构",包括弥补、推测、预测、假想、重组等,具体的教学活动如作文中的续写、美术中的添画、数理化教学中的猜想、思品课中的假设情境回答问题等等。

- 鼓励学生进行"幻想"

　　幻想就是变动不羁、新颖出奇、几乎不受认识客体与任何逻辑规则制约的想象，简言之，幻想就是超越现实的想象。在语文教学中，童话、寓言本身就含有幻想的成分。美术、音乐更需要幻想，创设一个超越现实的世界。科学技术也有幻想，中国作家叶永烈几十年前写了一系列的科幻小说，最有代表性的是《小灵通漫游未来》，其中有"气垫船""电视手表""飘行车""环幕立体电影""嵌在眼睛里的眼镜""人造器官""家用机器人"……这些绝大部分现在已成为现实，或者指日可待。几十年前科幻电影中的许多情节，现在已经变成了现实，幻想的世界也是一个创新的世界！

　　综上所述，所有学科知识都是人类思维活动的结果，教师要在教学过程中"还原"这个思维的过程，引导学生通过自己的思维"发现"知识、"创造"知识，不但使学生体验思维的魅力，同时也将教学的过程作为提高学生思维能力的过程。

3. 实——扎实的学科基本功

第一、二章强调"双高"——高层次学科素养和高品质思维能力,这像是一朵芬芳而又美丽的花,让人沉醉、令人向往。但是,这朵花需要生长在健康的枝体上,而这枝体要扎根于肥沃的土壤中。一个优秀的京剧演员给大家带来极高的艺术享受,依赖于他们"唱、念、做、打"的基本功很扎实,正可谓"台上一分钟,台下十年功"。同样,在教学中绝不可忽视让学生获得扎扎实实的知识和技能,这是健康的肌体,这是肥沃的土壤。一首精妙绝伦的古诗,如果没有解决字词的问题、不了解作者的写作背景、缺乏必要的语言知识、不熟悉其中的典故,不与其他的古诗进行联系比较,又怎能实现高层次学科素养呢?基础教育要打基础,第一、二章的"双高"如果是仰望星空,日常的教学就要脚踏实地,把学科基本功打牢、打实。

那么,在教学中教师如何把握教学内容以夯实学科基本功呢?

1. 构建学科知识框架,明确学习要求

每一个学科都包含极为丰富的知识,如果不对这些知识进行梳理,澄清它们之间的关系,知识就会杂乱无章,教学效率就会降低。为此,教师需要构建清晰的学科知识框架并且明确学习要求。

课程标准是教师确定知识框架和学习要求最重要的依据,但一方面课程标准往往比较简略,另一方面各学科课程标准的编写方式和编写水平也存在

差异，所以教师需要对课程标准进行"二次开发"，即根据自己的实际教学情况及对课程的理解，构建更细致、更具体的学科知识框架和学习要求。以下是一些案例，说明了教师如何对所教知识进行梳理。

（1）构建学科知识框架

生物教学中的"血液循环系统"包含特别多的知识点，如果不能澄清这些知识之间的关系，必然会"眉毛胡子一把抓"，不利于学生记忆和理解。下面是一位教师利用问题串—概念图的方式建构的知识框架。

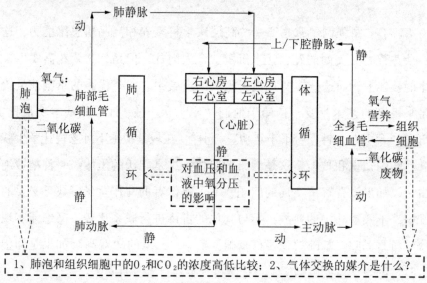

（程明，《中学生物教学中"问题串—概念图"策略的研究》，硕士学位论文，苏州大学，2011）

这个知识框架包含多个知识点，通过连线、箭头和区块标明了这些知识点之间的关系，清晰地显示了各器官、结构的功能。该框架与下面四个问题密切相关：

◇ 人体的血液循环系统包括哪两大部分？

◇ 心脏由哪些部分组成，作用分别是什么？

◇ 肺循环和体循环的起点和终点分别是什么？

◇ 肺动脉、肺静脉、主动脉和上下腔静脉中分别是什么类型的血液？

这四个问题提示了框架图中的重点，指引学生更有针对性地观察、理解概念图，在此基础上把握这个单元最核心的知识与技能。

再以语文的阅读为例。根据 PISA 项目（国际经合组织对其成员国 15 岁青少年阅读、数学和科学素养的测查项目。该项目质量非常高，对全世界教育测评产生巨大影响）的理解，阅读技能的结构如下所示：

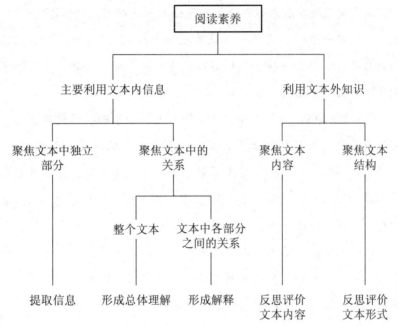

基于这样一个清晰的结构，教师的教学就会更有针对性，就更有可能在教学中扎实地落实阅读技能；基于这个框架进行测试，其信度和效度也会更高。

下面是 PISA 阅读测试中的文章《小陶土》：

在一个古塔高处，有一个工场，是一个陶艺工场，放满了一桶一桶彩色的釉、辘轳和窑，当然还有陶土。窗边放着一个大木桶，有一个重重的盖子，陶土就放在里面。深深地藏在桶子的底部，有一团最老的陶土压在角落。他已经不记得上一次是什么时候被触摸，因为那是很久以前的事了。每天，重重的盖子都会被掀开，许多手会伸进来，快速地挖走一袋或一球陶土。小陶土会听到人们忙碌工作时愉快的声音。

"什么时候才轮到我呢？"他想知道。日子一天天过去，小陶土在木桶的黑暗中，失去了希望。有一天，一群小孩子跟着他们的老师来到工场。许许多多小手伸进桶子里。小陶土是最后一块被选中的，他总算出来了！"这是我的大好机会！"他在光线中眯着眼睛想。

有个男孩把他放在辘轳上，用最快的速度转动。"好好玩啊！"小陶土想。辘轳一边转，男孩一边试着把陶土拉起来。小陶土觉得很兴奋，因为自己将要变成一样东西！男孩试着做一个碗，可是后来放弃了，把陶土拍打成一个圆圆的球。

"清洁时间到了。"老师说。工场里充满孩子擦拭清洗的声音，到处都湿乎乎的。男孩把陶土丢在窗边，急忙跑去跟朋友一起。过一会儿，工场空荡荡的，房间既安静又黑暗。小陶土非常恐惧，他不只想念湿润的木桶，他也知道自己有危险。"完了！完了！"他想。"我只能待在这里干掉，直到变得像石头一样硬。"

他坐在窗边，窗子开着，他不能动弹，觉得身上的水分一点一点流失。既是阳光曝晒，又是晚风吹拂，他快要变得像石头一样硬了。他硬到几乎没办法思考，只知道自己满是绝望。

"下雨吧。"他想。

"来点水吧。"他叹息。

"求求你。"干渴绝望的他最后挤出了这句话。

一片浮云同情小陶土的遭遇，奇妙的事就发生了：豆大的雨点，打进开着的窗子，落在小陶土身上。雨下了一整夜，到了早上，小陶土已经变得像以前一样柔软。

有声音传进工场里。

"糟糕！不好了。"有个女人说。她是常常来这个工场的陶匠。

"有人把窗子开了整个周末！我们要好好清理烂摊子了。我去找抹布，你先拿些陶土做做。"她对女儿说。

小女孩看到窗边的小陶土。

"看起来这小陶土最合适不过。"她说。

很快地，她就把陶土搓揉成各种好看的形状。对小陶土来说，小女孩手指头带来的感觉舒服极了。

小女孩一边做一边想，小陶土感觉被揉成一个圆圆的、中空的形状。又捏几下，他就有了把手。

"妈妈，妈妈！"孩子喊："我做了一个杯子！"

"太棒了！"她的妈妈说："把他放在架子上，他会被放进窑里烧。然后，你可以上你喜欢颜色的釉料。"

没多久，小杯子就去新家了。

现在，他住在厨房的架子上，在其他杯子、碟子和马克杯旁边。他们都很不一样，有些真的很漂亮。

"吃早餐啦！"妈妈叫道，同时把新杯子放在桌上，倒满热巧克力。

小女孩轻轻地拿着他，他多么喜欢自己圆润线条的新造型。他是多么称职呀！

小杯子得意地坐起来，他说："终于——我成为一样东西了。"

①按照事情在故事中发生的顺序，排列下面的句子。

雨水使陶土湿润和柔软（　　）

男孩试着用陶土做成一个碗（　　）

女孩将陶土做成一个杯子（　　）

陶土干掉了（　　）

陶土在木桶子里（　　）

②故事开始时，小陶土有什么愿望？

③为什么小陶土后来能从木桶里出来？

A. 其他陶土全被用光了。

B. 老师叫男孩使用那一团陶土。

C. 男孩特别喜欢小陶土，所以选了他。

D. 他在其他的陶土上面。

④男孩做了什么粗心大意的事？

A. 把陶土留在辘轳上。　　B. 用最快速度转动辘轳。

C. 把陶土放在窗边。　　　D. 拍打陶土。

⑤男孩离开陶艺工场后，小陶土的心情如何？

A. 满意。　　B. 害怕。　　C. 生气。　　D. 得意。

⑥小陶土在窗边躺了很久后，发生了什么奇妙的事情？为什么对小陶土来说，这件事情那么奇妙？

⑦以下哪一句话告诉你，小女孩知道她想做出什么？

A. 女孩的手指头带来的感觉舒服极了。

B. 小女孩看到窗边的小陶土。

C. 小女孩轻轻地拿着他。

D. 小女孩一边做一边想。

⑧在这个故事中，小女孩是一个重要的人物。请解释为什么她对故事的发展很重要？

⑨故事的作者把小陶土比喻成一个人物。作者这样做是要让你想象什么？

A. 雨中的感觉。　　　　　B. 小陶土的感觉。

C. 捏陶土的感觉。　　　　D. 制造一样东西的感觉。

⑩你认为这个故事告诉我们的道理是什么？

A. 人像陶土一样，很容易搓揉及塑造。

B. 世界上有很多不愉快的事情。

C. 找到目标是最快乐的事情。

D. 陶艺是世界上做善事最好的方法。

可以看到，这10道题紧扣阅读框架中5个方面的阅读技能，非常准确、清晰地表达了对学生阅读的期望，体现了对阅读教学的积极引导。因此，正是明确的知识技能框架，使教学的针对性和效率更能得到保障。总之，学科框架将一副完整的、相互关联的学科知识与技能的"图画"呈现出来,这对教师和学生总体把握学习目标非常有利。

(2) 澄清教学要求

上述学科框架直接表达了学生需要获得的知识和技能,提示学生需要"做什么"。相应的,教师还要让学生知道"要达到什么标准",这也是落实学科知识与技能的重要举措。

以写作为例,写作都是有目的的,写作的能力集中体现在"多大程度上实现了写作目的"。以下是六种不同的写作目的:

◇ 记述并与他人分享自己的经历

◇ 发表评论

◇ 写读后感

◇ 抒发情感

◇ 说明

◇ 报告

澄清了写作目就明确了教学的方向,相当于澄清了教学目标,明确了要让学生"做什么",这是提高教学针对性的基础。下一步,教师还需要明确好作文的标准,这意味着教学不但有了方向,还要确定学生在多大程度上实现了教学目标。不同年级的学生作文的标准不一样,以下是一个高年级学生的写作标准。

◇ 中心明确:准确、清晰地传递作者的想法。

◇ 真挚动人:有真实情感,有打动人的力量。

◇ 逻辑与结构:逻辑严谨,结构清晰。

◇ 视角:视角新颖,立意深刻。

◇ 写作技巧:能够运用多种写作方法和技巧(如出乎意料、隐喻、幽默、夸张、嫁接等)实现写作意图。

◇ 文史知识:通过阅读积累的文史知识在文章中得到恰当的应用。

◇ 语言:用词丰富准确、语言富有魅力、有文采。

综上所述，学科知识框架提示学生"要学什么"，教学要求指出学生"要达到怎样的标准"，二者共同体现了教学的目标和要求。明确各项知识技能的内涵和关键表现，这对于夯实学科基本功无疑是非常关键的。

2. 致密丰厚的知识储备

如果说学科知识框架是"骨架"的话，致密丰厚的知识储备就是"血肉"。

语文教育家钱理群教授在一篇文章（《雷雨》是"社会问题剧"吗？）中写道：

> 中学语文课本节选了曹禺《雷雨》第二幕，并在注释中对《雷雨》主题作了如下概括："这个剧本通过一个封建、资产阶级的家庭内错综复杂的矛盾，深刻地揭示了封建大家庭的罪恶和工人与资本家之间的矛盾，反映了正在酝酿着一场大变动的20年代中国社会现实。"
>
> 曹禺在《雷雨·序》里曾表示，对于他的剧本主题的种种阐释，"有的我可以追认——譬如暴露大家庭的罪恶"，但曹禺曾一再声明，他在创作开始时，"并没有显明地意识着我要匡正、讽刺或攻击些什么"；他在给《雷雨》导演的一封信里这样写道——"我写的是一首诗，一首叙事诗，这固然有些实际的东西在内（如罢工等），但决非一个社会问题剧。"
>
> 那么，曹禺在创作《雷雨》时，是否另有"初衷"？
>
> 人们发现，《雷雨》里几乎每一个人都陷入了一种"情热"——欲望与追求之中。周冲充满着"向着天边飞"的生命冲动，他是那样地神往着"飞到一个真正干净、快乐的地方"。繁漪、周萍、四凤则充分表现了人的非理性的情欲的渴求，尤其是作者倾心刻画的繁漪，她更有一点原始的野性，更充分地发展了人的魔性。即使是侍萍，以至周朴园，他们对充满痛苦的初恋的极其复杂的感情反应，正表明了对曾经有过的情爱的难以摆脱。但所有人物的所有这一切"情热"又被一种人所不能把

握的强大的力量压抑着，几乎每一个人出场时都嚷着"闷"，繁漪更是高喊"我简直有点喘不过气来"。这象征着生命的"热"力的"郁"结。超常态的欲望与对欲望的超常态的压抑，二者的撞击，就造成了人的巨大的精神痛苦。

不难注意到，在整个第三幕里，四凤始终处于中心位置。这是颇耐寻味的：所有的人都死死地抓住她，借以解救自己——周冲把四凤看做"引路人"，想仰仗她的帮助，一起走到理想的，因而也是现实中永远得不到的"我们的真世界"里去；鲁妈恳求四凤不要重走自己当年走过的路，以使自己永远地摆脱发生在昨天，今天又重唤起的噩梦；而周萍，作者在他一出场时就告诉我们，他是把四凤作为能够"把他从冲突的苦海中救出来"的"心内的太阳"的，他要借助于流动在四凤身上的青春的热血，灌注于自己的生命的空壳内，使之有力量打开"狭的笼"，离开"这个能引起人的无边噩梦似的老房子"。而现实的四凤完全不足以承担"解救"的重任，这是每一个旁观者（读者、观众、作者）都十分清楚的。

曹禺在《雷雨·序》里说："这堆在下面蠕动着的生物，他们怎样盲目地争执着，泥鳅似的在情感的火坑里打着昏迷的滚，用尽心力来拯救自己，而不知千万仞的深渊在眼前张开巨大的口。他们正如跌在沼泽里的羸马，愈挣扎，愈深沉地陷落在死亡的泥沼里。"

这"挣扎""残酷"，以及与之相联系的"悲凉"与"恐惧"，都是曹禺对生命，对人（特别是中国人）的生存状态及其审美形态的独特发现。曹禺正是在提醒读者、观众要注意他的《雷雨》的诗性特征：他的主体生命的投入，情感、情绪以及对宇宙间、人的命运中一些不可理解的东西，人的生存困境的形而上的思考与探寻……

看了这些内容，我非常感慨，《雷雨》还有这样的内涵！

看了这些素材，我们一定能够意识到，教师的知识是否丰厚直接决定了教学的深度和境界。如果一个语文教师能够阅读、积累案例中的素材，讲

《雷雨》时一定能呈现另一番不同的景象，学生的收获会更大。教科书、教参、练习册只是教学素材的一部分，精彩的教学还需要教师丰厚的知识储备，这些知识不但能够直接传递给学生，而且这也是教师挖掘、整合其他更多知识的基础。从这个角度看，"给学生一碗水，教师要有一桶水"是有道理的。关于这一点，请进一步参考第五章"通"及第六章"引"中的相关内容。

3. 落实两类学科基本功

总的看来，学科基本功有两个基本分类，一是知识，二是获得知识的方法。

（1）获取知识

知识就像建起学科大厦的砖，每个学科都有大量的知识需要学习，具备丰富的学科知识是学生学科基本功扎实的一个重要标志。

学生学习的知识主要是概念和规则两类。知识是人们对客观和主观世界的抽象，往往表现为"概念"的形式。简单的知识是对主客观现象的初级抽象，如"长度""面积""难过""欢喜"等概念；复杂的知识是对主客观现象的再次或多次抽象，如"功""美""自负"等概念。各学科知识包括以下几种类型：术语和符号（如周期、惯性、光年等概念的定义），具体事实（如"五四"运动提出的口号、家蝇的四个生命阶段），惯例（如英语的某些习惯用法），分类（物理反应和化学反应的定义，肌细胞、神经细胞、上皮细胞的异同），规则和原理（如电磁学中的右手定则），文化产品（名言警句、优秀篇章）等。

人们不仅通过概念表达对世界的理解，还能够发现和表达概念之间的关系，并且可以"操作"概念，这种关系和操作就是规则。例如，矩形的面积=长×宽，这体现了面积、长、宽三个概念之间的关系，相乘则是一种规则。数学、物理等学科中包含大量的公式和定理，而且这些规则之间紧密相关，复杂、抽象的规则往往是在简单、具体的规则上"生长"的。关于规则的教学，教师要注意两件事：①规则是对客观事物或现象之间关系的抽象，因此，在教学中要让规则"还原"到现象中，让学生体验规则形成的基础和过程，这样才能让学生真正了解规则的含义及其价值。同时，"还原"的过程也是培养学科思想的好机会。②任何一个学科中的规则都是非常多的，这些规则之间一定存在着关联，这种关联体现在两个方面，一是通过逻辑推理，在已有规则的基础上人们发现、建立了更多的规则；二是某些规则用不同的形式实现同样的目的，以不同的形式表达对客观现象的抽象。让学生理解、把握这些关联不但有益于掌握规则，而且这些关联本身也是重要的学习内容，体现了丰富、深刻的学科思想。

（2）掌握方法

这里的方法指"获得知识的方法"。对教学来说，知识重要，方法的获得更重要。授之以鱼不如授之以渔，其中的"渔"就是获得知识的方法。下面以一个研究者总结的物理学科中的"思想方法"为例，说明学科方法的内涵及其价值：

建模。通过实际观测，得到若干物理参数之间的关系，探讨这种关系的普适性，并升华为一种规律性的表达。在建立物理模型时，通常只考虑主要因素，忽略次要因素，例如在中学物理中经常提到的"光滑水平面""质点""理想气体模型"等都是常见的物理模型。

类比。这是人们认识世界的一种普遍使用的方法：发现未知现象→寻找熟悉事物→类比分析→得到结论。通过类比将未知事物与已知事物进行比较，根据对象属性之间在某些方面的相似或相同，推断未知事物也可能具有已知事物的其他属性。如惠更斯把光的传播和声音的传播进行类比，创建了光的波动说。在物理教学中，学生首先学习引力场，学习电场时，与引力场进行对比，而电场的学习又为磁场的学习奠定了基础。

等效。将复杂的物理现象和物理问题转化为等效的、简单的、易于研究的物理现象和物理问题。如用一个水平方向的匀速直线运动与一个自由落体运动的合成代替平抛运动，用几个分力来代替与之效果相同的一个合力，场的叠加，等效电路等。等效的方法包括模型等效、过程等效、作用等效、本质等效等。

对称。一些事物的某部分与该事物的另一部分具有相同的特征，两个部分的这种对应关系称为"对称"。一旦确定了事物某一部分的特征，便可推知与其对称部分的相同特征。如法拉第从"电生磁"的现象中得到启发，提出"磁生电"的想法，并由此发现了电磁感应定律。物理中有许多概念、规律是互逆的，既可以由因索果，也可以由果溯因，这也体现了对称。如力学中，如果物体受到力的作用，那么它的运动状态必然发生改变，反过来也可以从物体运动状态的变化分析物体的受力情况。

守恒。在分析某种物理规律、研究某个物理过程、应用某些物理规律时，利用系统中某些物理量的总量不变来解决问题的方法。在许多重大的科学发现中，守恒的思想方法都起到了重要的作用。如第一类永动机违背了热力学第一定律，第二类永动机则违背了热力学第二定律。而查德威克应用动量守恒定律和机械能守恒定律，推算出贯穿能力极强的射线是由质量与氢原子核接近的不带电的中性粒子组成，这种粒子就是卢瑟福预言的中子。

临界状态分析。物理现象的变化也包含着从量变到质变的过程，即必然有一个临界点，达到这个临界点，物质的属性或运动的状态就会发生变化，这个临界点对应的状态就是临界状态。在物理分析过程中，可通过对临界状态物理量的分析，得到特殊状态下的结果，再由特殊推出一般情况下的答案。例如，杂技表演中的水流星，用临界条件进行分析，只要水的速度大于某一个值，"水流星"表演就一定会成功。

极限分析。当一个变量无限趋向某个极值，另一个变量也将无限趋向某个极值。例如，根据伽利略的理想斜面实验，在U型槽上的一边释放一个小球，如果没有摩擦，小球将上升到原来释放时的高度，当U型槽的另一边倾角变小（向水平方向变化），小球释放后要在这一边达到释放时的高度，在斜面上运动的时间会如何变化？此时可利用极限分析，设想U型槽一边的倾角为极值——0°——即水平，根据牛顿第一定律：小球此时受到的合力为0，会保持匀速直线运动，即运动时间会"无限长"，据此推理，U型槽一边的角度越小，小球上升到释放高度的时间将越长。

图解法。物理学研究的范围十分广泛，尤其是物理量和物理规律的矢量性，使物理学的语言描述有别于其他学科，除文字和符号语言外，物理学中用"图"进行表达是极为丰富和重要的，如由平行四边形法则衍生出的矢量图、描述物体运动过程的流程图、显示电器连接关系的电路图、反映光传播规律的光路图等。利用图解法的可视性，能使学生观"图"思考，化抽象为具体，变复杂为简单。（杨静，《基于学科思想方法的整合性教学研究》，硕士学位论文，四川师范大学，2011）

之所以较为详细地描述物理学科的思想方法，是为了展示其丰富、重要和迷人之处，这些方法是人类思维的华彩乐章，显示了思维的魅力和力量。

各学科都有独特的认识学科规律、解决学科问题、获取学科知识的"研究方法""思维方法"和"学习方法"。比如数学学科中的数形结合、转化、替代、反证、归纳、极端值判断、排除法、试误法、代入法等；历史学科中的史实的记忆方法、史书的阅读方法、史料的收集方法、史料鉴别与分析方法等。教师要积累、加深对学科思想方法的认识，并真正体现在课堂教学中，让学科方法真正成为学生学科基本功的一部分。

4. 把握好不同类型知识的教学方式

总的看来，学科知识可分为两种，一种是"抽象性知识"，另一种是"经验性知识"，两种类型的知识需要不同的教学方式。

（1）抽象性知识的教学

数学、物理等学科，学生学习的是较为典型的"抽象性知识"，以概念为基础，以逻辑为驱动，注重事实和因果关系，寻求规律和必然性。对于这些学科，教师在教学时应注重以下几个方面：

- 抽象能力是基础

把握规律、认识现象背后的本质是人类特有的认知能力，是所有学习的基础，更是数学、物理等学科的核心能力。抽象是从众多的事物中抽取出共同的、本质的特征而舍弃其非本质特征的过程。

- 概念理解是核心

抽象的结果是形成概念，概念的抽象程度是不一样的，这在很大程度上决定了学习的困难程度。有些概念是对客观事物或现象的初级抽象，如"面积"，这种抽象与感性经验直接相连，理解起来比较容易。有些概念则是在概念基础上的再次或多次抽象，如"导数"——当自变量的增量趋于零时，因变量的增量与自变量的增量之商的极限——这样的概念建立在若干抽象概念的基础上，与现实经验距离远，而且以对多个抽象概念的理解为基础，因此这样的概念理解起来一定是比较困难的。

- 逻辑推理是关键

以抽象性知识为基础的学科包含了大量繁复的概念，这些概念是抽象的结果，也是学科知识的骨干。如前所述，这些概念之间一定是有联系的，这些联系以"规则"的形式存在，提取、理解和运用这些规则需要学生有较强的逻辑推理能力，这是学习抽象性知识的关键。

(2) 经验性知识的教学

语文、美术、音乐等学科，其核心是较为典型的"经验性知识"，这些学科以经验、体验作为学习的基础。

在《普通高中课程标准实验教科书·美术·教师教学用书》中有这样一段话："充分发挥课本图例和教学参考图例的直观例证功能，特别是利用中外作品或不同特色作品的直接对比，这种无言的直观感受所获得的印象，往往比抽象的语言论述更加深刻。"这里强调了"直观感受"对于美术学习的价值。

在作品欣赏中有一幅国画大师吴昌硕的《泼墨荷花图》，教学提示写道：

"吴昌硕（1844—1927），他的前半生积累了深厚的书法、篆刻与传统文化的功底，中年开始学画，到晚年开创大写意花卉的新风，以书法功力如画，主要以朴茂、雄强的书法用笔来营造形式美感，而且主张'画气不画形'，以气势和写意取胜。吴昌硕的绘画不仅有很深的传统文化内涵，而且也能适应时代的要求，具有开拓创新的风貌。他把丰富多变的水墨、强劲的笔力和娇丽的色彩结合起来，既古朴又鲜艳，既有文人气质又很新鲜活泼。"

在这段话中，出现了"大写意""朴茂""雄强""美感""强劲""娇丽""古朴""鲜艳""文人气质"等词汇，如果没有感性经验的支撑，这些概念就是虚的、空的，不可能被理解。

再以语文学科为例，语文教育专家孙绍振认为：语文素养的获得，是一个渐进的过程，是潜移默化的，不是逻辑递进的，而是反复扩展、回环滚动的。其效果如水中养鱼，不是立竿见影的，不是吃了西红柿脸就变红，吃了乌贼鱼脸就变黑的。(《把文学审美熏陶落实到词语上》，《文学教育》2008，1)

这段话非常鲜明地指出语文学习中经验累积的重要性，以及与数学、物理等学科学习方式的不同。我的一个学生在作业中写道：

> 高中语文课给我留下了深刻印象。他在一开始教我们的时候就表现出和别的老师不一样的教学方式。其他班的语文老师的讲课内容和进度都是照着课本上来，课堂上所讲的东西也无非就是挖掘课本里的东西，布置的作业也十分无聊。但是我们的语文老师一开始便表明态度，他不会过多地讲一些课本上的东西，而是将目光放在课本之外的很多内容上，比如平时给我们印一些散文，有时给我们放几部电影。最令我们高兴的是，他从来不会布置作业。在整个高中时期，我觉得只有语文课上得最轻松，我们都亲切地称他为"老王"。考试的卷子发下来，他也从来都不会给我们讲卷子，而是发下答案让我们自己对答案，然后又继续讲一些课本之外的内容。

为什么这位语文老师没有紧盯着课本，没有灌输标准答案，学生的成绩却很好？原因就在于这恰恰符合语文学习的特点——在体验、经验的基础上学习。

与数学和物理等学科从具体到抽象、以概念学习为核心、注重逻辑推理不同，语文的学习，尤其是阅读和写作，必须建立在足够多、足够丰富的文本体验和感性经验的基础上，正所谓"熟读唐诗三百首，不会作诗也会吟"。

需要指出的是，上述分类只是为了凸显不同学科的特点，说明学科知识的侧重点不同，两类学科在某个特点上表现明显，但绝不是完全不具备另一个特点，知识的抽象需要感性经验的支持，同样，基于感性的知识也需要经过抽象得到一般性和规律性的认识。

5. 突出教学重点

学校的评课标准中通常都有"抓住重点"的要求，那么什么是教学重点，如何抓住重点？

（1）将承载教学目标的内容作为教学的重点

每一节课、每一个单元、每一个学期都有特定的教学目标，那么，与实现这些目标密切相关的知识应成为教学重点。换句话说，教师要时时刻刻谨记教学目标，在授课时敏锐地将教学内容与教学目标关联起来，这样自然会体现出教学的轻重和主次。

例如，某个单元的古诗教学，让学生体会"借景抒情"的写作手法是该单元的核心教学目标，那么，有助于达成这个教学目标的知识应成为教学重点。教师在教学中就应该帮助学生理解这是中国古诗典型的写作手法，与之相关的情感揣摩、借景抒情的写作手法、模式、分类、品读方法、典型佳作等内容自然应成为教学重点。

再以一节历史课——君主专制政治的顶峰——为例，其教学目标有三个：一，要求学生掌握的基础知识：①议政王大臣会议、军机处；②文字狱的兴起及其后果；③满洲贵族日趋腐败。二，要求学生从思想上认识：①军机处的设置使清朝的军政大权完全集中到皇帝手里，中国的封建君主专制至此发展到顶峰；②君主专制的高度强化，是中国封建社会走向瓦解的反映；③清朝的文化专制政策摧残了人才，禁锢了思想，严重地阻碍了中国社会的进步和发展。三，培养学生的能力：①指导学生回答"清朝君主专制是怎样发展到顶峰的"思考题，以培养、提高其理解和分析问题的能力；②指导学生分析秦始皇焚书坑儒、明朝用八股取士与清朝大兴文字狱的严重后果，以培养、提高其综合分析和认识历史问题的能力。这三方面的教学目标非常清晰地提示了本节课的教学重点，教师必然要围绕这三方面的目标进行教学组织并凸显重点。

由此可以看到，抓住重点首先不是从具体知识入手，而是审视和理解教学目标，只有对教学目标有了清晰的把握，才能确定相应的教学重点。

（2）将关键知识作为教学重点

一个小说中有很多人物，但其中总有关键人物——主角，这样的角色贯穿始终，而且其他角色与主角都有关联。同样，在教学时一个知识块往往包含很多知识，这些知识中也一定有"主角"——关键知识，找到关键知识就抓住了重点。

例如，生物教学中"消化系统"这个单元，其中涉及很多知识点，包括消化系统的构成、功能、消化过程等等。如果没有重点地讲授，会导致胡子眉毛一把抓，学生被迫花大量时间在机械记忆上。此时教师抓住重点的策略就是思考有没有一个关键知识作为"主角"能够将所有的知识串起来？

综观消化系统的所有内容，"食物的转化与吸收"可作为关键知识。在口腔部分，教师可以问学生，"为什么我们的犬齿退化了（可对比人类祖先和食肉动物的犬齿）"，引导学生理解这是因为人类自从发明了狩猎工具，不需要捕活食，犬齿作为"匕首"刺穿猎物身体的功能不再重要，因此人类犬齿在进化过程中渐渐变小了。人类的臼齿为什么那么发达呢？这同样与食物的特点相关，人类不但杂食，而且在进化过程中食物类型越来越多样化，将不同类型的食物磨碎以帮助胃进行消化很关键，此时强大的臼齿就很重要了。

在口腔部分还有一个重要的知识点，教师可提示学生："我们吃东西为什么要细嚼慢咽？"我想大多数学生会回答："将食物磨碎有利于消化。"这个答案是对的，但不完整。教师可提示学生："生活中有一个现象，我们在嚼馒头时，嚼得时间长了会怎样？"一定有学生回答："会有甜味。"此时教师应提示学生这是因为唾液中有淀粉酶，能分解馒头中的淀粉，其产物以葡萄糖为主，还有少量麦芽三糖及麦芽糖。

在食道部分，教师可问学生："你们想一下，食道壁上是哪一种类型的肌肉？"此时教师与学生一起分析，食道通过蠕动将食物"推送"到胃中，因此，食道壁的肌肉主要是平滑肌。而在贲门部位（食道末端、与胃相连的部分），其肌肉类型为括约肌，像一扇门一样能够开放和闭锁食道，使得进入胃部的食物不会回流。

有关消化系统的知识还有很多很多，从上述内容来看，所有的消化器官包括其形态、功能都与"食物的转化和吸收"有关，这确实是众多知识中的"主角"，以食物进入口腔后的变化（物理变化和化学变化）为线索，可以将这个领域的内容都串起来。因此，从繁多的知识中定位这样的关键知识对于找到教学重点是很有效的。

(3) 将与高级学科目标密切相关的内容作为教学重点

前面两个方面的教学重点主要着眼于"当下"，教学重点凸显的是具体的知识技能。如前两章所述，教学最终要实现高层次学科素养和高品质思维能力，与"双高"目标的实现紧密关联的知识应当成为教学的重点。如在语文教学中，无论是现代文、文言文还是古诗，凡是能够承载文化、感悟人生、产生情感共鸣、带来美的熏陶的知识，自然应成为教学的重点。在数学教学中，有助于形成数学思想的知识（抽象、推理与模型）也应当成为教学的重点。因此，教师在教学时应将具体、当下的知识技能附着在高远的学科目标上，将有利于实现高远目标的内容作为教学重点。这在前面已有详细分析，在此不再赘述。

6. 突破教学难点

把握好难点有两件事情值得教师考虑，一是教学中为什么会形成难点，二是如何处理难点。这两个方面是有关联的，如何处理难点要看难点的成因。形成难点的原因及相应的解决办法涉及以下三个方面：

(1) 知识的抽象和复杂程度

由于思维水平的不同，学生处理学习任务的能力也不同，困难的任务需要更高的思维水平，这往往成为教学的难点。决定学习任务困难程度的因素主要有两个：

- 知识的抽象程度

在人教社初中数学教师用书中有这样一段话：对于推理能力的培养，整套教科书是按照"说点儿理""说理""推理""用符号进行推理"等不同层次、分阶段逐步加深安排的。在本章（人教社数学 7 年级下册第五章，作者注），不仅要求学生通过观察、思考、探究等活动归纳出图形的概念和性质，还要求"说理"，把它作为探究结论的自然延续。对于说理，由于学生还比较陌生，不知道应由什么，根据什么，得出什么，对于说理所用的三段论的形式——由小前提得到结论，以大前提作为理由，一下子也很难适应。因此，逐步深入地让学生学会说理，是本章的一个难点。

这段话总结得很好，与认知心理学的规律非常匹配，这部分知识之所以成为难点，就是因为知识的抽象程度较高。著名认知心理学家皮亚杰的认知发展阶段理论指出，0~2 岁是动作感知阶段，2~6 岁是前运算阶段，7~12 岁是具体运算阶段，12 岁以后是形式运算阶段。这四个阶段的发展使得学生能够处理的知识的抽象程度不断提高。学生到了初中阶段（11、12 岁左右），其思维恰恰处于从具体运算向形式运算过渡的时期，此时学生对抽象的概念和符号化的逻辑推理一定会感到困难，"说点儿理""说理""推理""用符号进行推理"体现了不同层次的学习要求，其抽象程度从低到高，教师在教学时也要尊重这种规律，帮助学生应对学习难点。

- 知识的复杂程度

如果知识的抽象程度是一种纵向难度，那么知识的复杂程度则是一种横向难度。例如，在历史教学中，有关"第二次世界大战——世界反法西斯战争的胜利"，其难点在于对多个国际会议的理解，包括开罗会议及《开罗宣言》、雅尔塔会议及其主要决议、《波茨坦公告》、德黑兰会议。这些会议出现在战争的不同阶段，与多方利益相关，有很多的背景材料，会议之间存在复杂的联系。学生需要处理多方面的信息，进行不同层次的关联。再以生物教学为例，在高中生物教学中，有一部分内容需要学生为细菌的繁殖生长建立数学模型，这就需要将生物知识和数学知识紧密结合起来，因而有可能成为教学的难点。

解决上述难点的策略就是稀释知识的抽象和复杂程度。下面是物理教学参考书中给教师的提示：虽然学生在初中已经学习了惯性的概念，但这仍是学生难以理解的问题。学生的许多错误表现为：物体只有在匀速直线运动或静止状态时才有惯性；惯性是一种力；速度大的物体惯性大，因为速度大的物体停下来比较难……

教科书将惯性定义为一种"本领"，是物体"抵抗运动状态变化"的"本领"。这种"本领"的大小是怎么体现出来的呢？那就是受到相同力的作用时，不同物体的运动状态改变的快慢不一样，即加速度不同。可以让学生举出实例来分析，例如：在初状态相同时，在相同力的作用下，空车和装满货物的车哪个先达到某一速度？用相同的力使空车和装满货物的车从同一速度到停下来，哪个用的时间短？通过这样的实例分析，使学生总结出：质量大的物体，惯性大，质量小的物体，惯性小，物体的惯性与物体的质量有关，与物体的运动状态和受力情况无关。为了加深学生对惯性概念的感性认识，可以增加一些有趣的实验。

在这里，将惯性归结为"物体的本领"有两个价值，一是"本领"很形象，降低了惯性这一概念的抽象程度，与学生的经验更亲近；二是"本领"

强调了物体内在的、稳定的、一致的属性，不因它是运动还是静止而改变，只与其质量有关。

有时教学内容的抽象、复杂程度确实超出了学生的水平，此时教师可选择降低难度，不对学生做超出他们理解能力的要求。物理教参中有一段给教师的提示：教学实践表明，教材用极限思想介绍瞬时速度是可行的。教材在定义了平均速度后进一步指出"为了使运动的描述精确些，可以把 Δt 取得小一些，运动快慢的差异也就小一些；Δt 越小，描述越精确；想象 Δt 非常小，可以认为表示物体的瞬时速度。"这样处理较清晰地体现了极限思想，目的是让学生进一步加深对科学思维方法的感悟，但又回避了严格的极限概念和计算，也没有引入极限这个术语。

再以语文教学为例，在学习《愚公移山》时，可能会有学生提出"愚公不应移山而应移民"，这是因为小学生处于"具体运算阶段"，无法理解寓言中的隐喻。此时教师可引导学生，愚公移的这个山表征的是一种巨大的困难，愚公移山赞扬的是其坚忍不拔的品质，在我们的人生中，总有一些困难无法回避，总有一些挑战需要面对。我想学生对此可能仍然难以理解，此时不必强求，就像在学生的心里种下一颗种子，等待有一天它会发芽。

（2）学生的知识基础和对背景信息的掌握

知识之间是有关联的，新知识的学习要建立在以往知识的基础上，良好的知识结构就像一张网，纵横交错、处处关联，既有环环相扣的纵向连接，也有蔓延铺开的横向连接，当学生在某个点或某个方面的知识出现缺损，就会影响学生对其他方面知识的学习。

提出"有意义学习"的美国教育家奥苏伯尔在其《教育心理学：认知论》一书的扉页上写道："假如让我把全部教育心理学仅仅归纳为一条原理的话，那么，我将一言以蔽之：影响学生的唯一最重要的因素，就是学习者已经知道了什么，要探明这一点，并应据此进行教学。"

力的存在及其大小是人们非常直接的体验，在应用实践中我们需要确定力的大小，如何表示力及力的大小呢？物理教科书中将力定义为"物体与物体之间的相互作用"，为了体现这种"相互作用"的大小，规定如果能让1千克的物体加速度达到1米/秒^2（即在受到该力后物体在一秒内的速度增加或减少1米/秒），这个力的大小就是1牛顿。因此，要理解力的概念，就需要"速度"和"加速度"的知识基础。审视人教版高一物理教科书就会发现，第一个单元的核心知识是速度，第二个单元的核心知识是加速度，第三个单元的核心知识是力的大小，前两个单元为第三个单元的学习做了铺垫，这样的安排非常契合知识发生与发展的轨迹，教师要重视知识之间的关联，为学生学习新知识打好基础。

  高中生物教学中，有一节是基因诊断和基因治疗，这个知识点的学习必须以遗传学知识为基础，尤其是DNA的相关知识，这体现了知识的纵向关联，之前的知识储备影响后续的学习。在高中物理教学中，教师在讲解"速度""加速度"和"圆周运动的即时速度"时会引用数学中的"极限"和"求导"等概念，如果学生对这些概念的理解不够深入，那么这方面的学习一定会成为难点，这体现了知识在学科间的关联。因此，教师在讲解新知识时，尤其在面对可能的难点时，一定要有意识地探查学生与该知识学习紧密关联的知识基础是否牢靠，必要时应复习、强化相关的知识基础。

  背景信息可看作另一种类型的知识基础。如语文学习中理解一篇文章需要相当多的背景信息，包括作者的经历、以往的作品、时代的背景、某个事件的前因后果、相关的人与事等等，这些背景信息将会有力地促进学生对文章的理解。在品德课的教学中，不同的立场、不同的时间、不同的文化会有不同的价值观，这些都是学生学习的背景信息，促进学生的思考和判断需要这些信息，这样才能让学生更全面、更深刻地看问题。

  总之，教师要对所教授的知识体系非常熟悉，对知识之间的关联有特别深刻的理解，这就好像一个从小生活在大山里的人，他对这座山熟悉极了，要去一个地方有几条路，哪条路虽然近但却有危险、哪条路远些但是风险小、哪里有可以休息的地方、哪里的风景最美，他全都了如指掌。教师如何做到这一点？一个比较好的方法就是教师从知识本身和学生两个角度出发，一方面反复揣摩某个知识领域中各知识点之间的关系，对知识的关联形成深刻的理解，另一方面通过教学不断积累经验，体会促进学生有效学习的最佳路径。

（3）学生的经验

在《高中物理新课标教师教学用书·必修1》中有一段话：加速度是运动学中极为抽象的概念，研究者明确指出："这是人类认识史上最难建立的概念之一，也是每个初学物理的人最不易真正掌握的概念。"对一个抽象概念，我们要根据自己的经验来认识、理解和掌握，对作为速度变化率的加速度，我们很难利用日常的感觉经验来建立这个概念，我们观察周围物体的运动时，对物体的运动轨迹、路程、位移、快慢、运动方向等有足够丰富的、生动的感性认识，这对我们建立速度概念是很有用的。在我们的感觉经验中，与加速度概念有关的现象不多，自然给加速度概念的建立带来许多困难。

这段话非常准确地指出，概念不是空中楼阁，所有的概念都是对具体事物或现象的概括，在相当程度上对概念的理解要建立在经验的基础上。当前教科书的知识体系已经相当完备和严谨，这是人类千百年来经验的积累和升华，经过了多次的否定之否定，而学生缺乏经历这样一个过程，只能从个体有限的经验出发，因此很有可能遭遇学习中的难点。

为什么宇航员会失重？很多人的回答是"由于离地球太远，地球的引力几乎没有了，所以失重"。这种说法是错误的，如果宇航员及飞船没有受到地球吸引力，恐怕就不是做圆周运动，而是会脱离地球飞向外太空了。这是由于缺乏系统的物理知识，只是基于经验做出的错误判断。

理科教学中概念的建立需要经验，文科的学习也需要经验。有这样一种说法：学生在语文学习中"一怕周树人，二怕文言文，三怕写作文"。为什么怕周树人，那是因为鲁迅作品的时代背景及高度的思辨性和深刻性，较明显地超越了学生的经验；怕文言文更是典型，古人的生活环境、审美情趣、写作手法、世界观和价值观都与当前学生的经验有较大的出入，理解起来自然困难；怕写作文，还是因为经验的缺乏，学生绝大部分时间闷在教室里备考，没有旅游、没有社会实践、没有艺术欣赏，你让他写作文，他怎么写得出来？

我的学生种彤在作业中记述了让他难忘的钢琴启蒙老师——张爷爷。

我儿时的钢琴老师50岁左右，是我爷爷的同班同学，他让我叫他张爷爷。张爷爷是个爱表演的人，在我眼里他就像个"老顽童"。张爷爷会把每一首练习曲都改编成小故事，让我和他一起把这个故事表演完整，无论他的角色是老人还是孩子，他都会认真投入地将角色演绎得特别逼真。这种愉快的上课方式，让我更好地理解曲子，并且学会用琴声来讲述一个个生动的故事。

10岁那年，我在练一首作品《谷粒飞舞》，这首曲子描绘了一幅农民生产丰收的热火朝天、喜气洋洋的劳动场景。那时的我还小，没有亲眼看过农民在田地里收割的情景，乐曲中包含的情感我不能理解。为了让我深刻感受到劳动人民辛勤工作的场面，张爷爷决定带我去农田里上一课，还特地让我拿着谱子。第二天张爷爷骑着自行车把我带到了一片农田。记得那时是夏天，天气异常闷热，站在田地里，你会闻到庄稼被阳光烤得发酵的味道。田地里的打谷机把谷粒堆得高高的，让我不禁想到了乐曲中模仿谷粒飞舞的片段。张爷爷让我仔细听谷粒在空中碰撞的声音，"哒哒哒哒，哒哒哒哒"细小而又清脆的声音逗得我不禁地笑。张爷爷说："孩子，拿起你的谱子，把开头模仿谷粒的片段给张爷爷唱唱听听，你试试能不能唱得像你听到的那样清脆？"记得我当时嘴巴秃噜不清楚，还惹得张爷爷哈哈地乐，可是谷粒清脆而又短促的声音形象已经在我心里确立了。随后，张爷爷带着我去帮田里的老大爷干活，张爷爷让我站在他身边看着，不让我动手。八月的天，像下火一样，真是"足蒸暑土气，背灼炎天光"啊。虽然我什么也没干，可是大约过了10分钟，我就待不住了，可是看到张爷爷和那些农民那么不知辛苦地干活儿，我咬牙坚持。到了傍晚，终于完工了，我们和农民们一同坐在农田边的大石头上，他们有说有笑，为今天一天的劳动成果而高兴。晚霞映射在金黄色的田地里，我看着一望无际的田野，看着老大爷们被太阳晒得黝黑但又挂着淳朴微笑的脸，和张爷爷一同唱起了谷粒飞舞中赞美劳动人民的那一段旋律，自然有了不一样的味道、不一样的感动。

"学会用琴声来讲述一个个生动的故事"，就是将学习和学生的经验紧密地联系起来，当学生能够用讲故事的方式进行钢琴演奏，说明他的既有经验与学习内容真正"互溶"在一起了。案例中的张爷爷带着孩子亲身体验打麦场的情境，让学生积累感性经验，对于学生理解和创作音乐作品起到了积极的作用，这就好像艺术家要不断深入到生活中去采风一样。音乐、美术、语文等学科学生需要积累经验，需要经验的支持，教师在教学中要帮助学生基于真实的经验理解抽象的理论知识，并且将理论知识还原到现实经验中，做到俗语说的"接地气"。

7. 多思、多品、多练

我们去一个风景区，可能会去很多次，但每次可能都有全新的感受。读朱自清的《背影》，在少年、青年、离家读书、成家、有了自己的儿女等不同的阶段读来会有不同的感受。这一方面是前述"经验"的影响，另一方面也说明"学而时习之"的重要性。

极限是一个较难建立的概念。在一次教师培训过程中，我发现有相当多的教师对极限的概念也没有深刻的理解，我以此为例和教师们探讨如何帮助学生理解抽象的概念。

我问教师："$0.\dot{9}$（9无限循环）和1是什么关系？"很多教师说小于1，我启发教师，$0.\dot{9}=1-\dfrac{1}{10^n}$，当 n 趋向无穷大，这个式子求极限等于1。此时我看到教师的眼神由刚才的笃定变成了疑惑，他们不会认为你是错的，但内心仍然不理解这是为什么。

我接着问教师，$1.0\dot{1}$（0无限循环）和1是什么关系呢，有不少教师答大于1。这说明他们还是没有学会用上面求极限的方法，我提醒教师：$1.0\dot{1}=1+\dfrac{1}{10^n}$，当 n 趋向无穷大，其极限也是1。在此基础上，我再次追问，$1.0\dot{9}$ 呢？

1.098765 呢？此时教师能够理解 1.0$\dot{9}$ 是 $1+\frac{9}{10^n}$，当 n 趋向无穷大时，其极限为 1，1.098765 是 $1+\frac{98765}{10^n}$，当 n 趋向无穷大时，其极限也是 1。

但是，教师真的理解极限概念了吗？不一定，他们可能只是熟悉这个公式和推导方式了。

我问教师："$\frac{1}{3}$ 和 0.$\dot{3}$ 是不是相等？"此时绝大部分教师痛快地说："相等。"我问："两边同乘以 3 呢，二者的关系不变吧？"我在黑板上演示：1 = 0.$\dot{9}$，教师们陷入了沉思，感到很新奇。此时他们的内心一定形成了认知矛盾，他们甚至开始反思："$\frac{1}{3}$ 等于 0.$\dot{3}$ 吗？""$\frac{1}{3}$ 为什么等于 0.$\dot{3}$ 呢？"

此时我问教师："想象一下，我们在数轴上怎么定位 1？"我启发教师："1 在数轴上是一个点，那么这个点必须足够小，要无限地小——这就是极限的概念。因此，"1"可看作是 0.$\dot{9}$ 和 1.0$\dot{1}$ 分别从左边和右边"逼近"的过程中存在的，这个过程就是一个点无限缩小的过程。

此时，我发现很多教师陷入了沉思，我估计他们开始重新思考 $\frac{1}{3}$ 和 0.$\dot{3}$ 的关系了。为了进一步夯实已经取得的认知成果，我又带着教师从理论回到了现实，我问教师："有一个蛋糕，要分成相等的 3 块可能吗？"教师意识到即使测量技术到了"极致"，可以侦测到最小的误差，分成相等的 3 块也不可能，因为切蛋糕的这把刀的刀刃要薄到无形，这与在数轴上 1 这个点要无限小的道理是一样的，这样就将 $\frac{1}{3}$ = 0.$\dot{3}$ 与 1 = 0.$\dot{9}$ 统一协调起来了。

在这样的教学过程中，学生的认识经历了多样式、多层次、多角度的处理，包括经验—抽象、正例—反例、表面—实质、容易—复杂、理论—现实等等，给学生创造多思、多品、多练的机会，这对于学生真正扎实地掌握知识很重要。

再举一个例子，下面是我给初中生上物理课时和学生的一段问答：

我问学生："冬天路上结冰，自行车转弯为什么容易摔倒？"

大多数学生回答："地面太滑了。"

"太滑了是什么意思？"

"摩擦力太小了。"

"什么摩擦力，说具体些。"

这时学生陷入了思考，有些学生拿出纸笔画起来。

我在黑板上画图，和学生们一起对自行车进行受力分析。自行车拐弯时做圆周运动，此时自行车受到3个力，垂直方向是重力和地面的支持力，二者是平衡的；水平方向，地面提供指向圆周运动圆心的向心力，这个向心力由地面与自行车轮胎的摩擦力提供。地面结冰后，摩擦力变小，此时如果自行车的速度达到某个临界值，摩擦力无法提供足够的向心力，自行车就会脱离圆周运动被甩出去，这是地面结冰后自行车转弯易摔倒的原因。通过这样一个层层递进、不断深入的过程，学生对相关知识进行了深度加工。

上述是多思、多品、多练的课例，在实际教学中教师还可以根据所教学科的特点以多种方式实现这一点。如语文教学针对同一个主题，教师可呈现多个作者的文章，让学生在比较分析中学习，多角度、多维度揣摩作品。

多思、多品、多练可以针对一个知识点，也可以体现在一个较长的时间段内，如前述有些知识的难度较高或学生的知识基础和经验还没有做好准备，教师可暂时降低难度，过一段时间后再以更高的要求学习这个知识，或者在学习时回顾以前学过的内容，辅以更多的素材，或者站在另一个角度教学，这都有助于加深学生对所学知识的认识。因此教师在教学时不但要有横向宽度，还要有纵向深度，将当下所讲的知识，与前面的知识联系起来，起到复习和夯实的作用，同时也要与后面的知识联系起来，为后续学习做好铺垫和储备。

4. 正——正确、先进的价值观

学生在学校学习就像是一只雏鸟获得了飞行的能力,学生不断获得的知识、技能、素质就像逐渐丰满的羽翼,决定了这只鸟儿能飞多高、多远。但是,比飞得高、飞得远更重要的问题是——"往哪里飞",解决这个问题靠的是头脑中的"价值观",它决定了一个人行动的方向——什么是重要的?什么是正确的?我应该追求什么?

梁启超说,"教育是什么?教育是教人学做人——学做现代人";鲁迅认为"教育要立人";而柏拉图认为教育是"心灵的转向"。他们都没有提到教育中的知识和技能,这决不是他们认为这不重要,而是知识技能的学习相对于价值观的确立是第二位的,后者对于学生成人更加关键。对此,叶圣陶先生有更加明确地表述:"受教育的目的和意义是做人,做社会的够格成员,做国家的够格公民。""无论担任哪一门功课,自然要认清那门功课的目标,同时不忘记各种功课的总目标,即造成健全公民。""普通教育的目标是养成一般人当公民的好习惯,高等教育的目标则是养成一些人做专门人才的好习惯。"(转引自王文岚,《社会科课程中的公民教育研究》,博士学位论文,西北师范大学,2004)

价值观是我们对于自己、他人、自然世界和人类社会的看法和评价,其中蕴含着对错、好恶、美丑的标准。基础教育阶段不仅是获得知识的关键阶段,也是价值观形成的关键阶段。一位社会科学的研究员,谈到他小时候学的课文,孟子说人跟禽兽最大差别在于人有是非之心、慈善之心、恻隐之心,这些东西当年记了下来，现在就变成了内心的价值观。

我给学生上的一门课是"中小学教育研究方法"，期末一个学生在作业中附言："我们班所有同学都非常喜欢上您的课。我想自己从您的课上收获的不仅仅是怎么做研究，更重要的是怎么生活、怎么面对自己的人生。我想也许过不了多长时间自己有可能就会忘了编制问卷的技巧，但是有些东西却可以伴随我走过一生。谢谢老师啦！"这段话让我很欣慰，因为学生从我这里得到的不仅是知识和方法，也是关于生活、做人的思考。我的这些学生将来大部分都要当老师，我希望他们也能够在教学中对学生进行正确、先进的价值观培养。

教师不仅是经师，更是人师！教师的责任不仅是传播知识，更是要培养一个堂堂正正的人！这也是为什么 2001 年中国的课程改革明确提出所有学科的"三维目标"——知识技能、过程方法和情感态度价值观。在教学中向学生传递正确先进的价值观，这是把握教学内容时应重点考虑的一个方面，是每一个学科教师的责任！

以下分析教师在教学中传递怎样的价值观，以及如何传递价值观。

1. 基于教学传递三维价值观：求善、求真、求美

价值观是教学中必然的教学目标，教学内容自然会承载价值观。教师在处理教学内容时，挖掘、彰显其中所蕴含的价值观，这是备课、授课过程中很重要的一个环节。总的看来，教学内容中蕴含的价值观体现在以下三个方面——求善、求真、求美。

（1）求善——富有尊严地活着

一个人最基本的需求就是富有尊严地活着，这意味着我们需要被善待，推己及人，我们也需要善待他人、善待社会、善待自然。因此，让学生理解善、表达善、追求善，这是各科教学应传递的"核心价值观"。

善良是一切美德的核心，人们无不极力赞颂善良的品质。善良的、忠心

的、心里充满着爱的人不断地给人间带来幸福（马克·吐温）。善良的心就是太阳（雨果）。唯有善良的品格，无论对于神或人，都永远不会成为过分的东西（培根）。善良的行为使人的灵魂变得高尚（卢梭）。灵魂最美的音乐是善良（罗曼·罗兰）。人之为善，百善而不足（杨万里）；善良人在追求中纵然迷惘，却终将意识到有一条正途（《浮士德》）。"善"的概念是中西方伦理思想史中最基本的概念之一。亚里士多德的《尼各马可伦理学》开篇第一句话就是："每种技艺与研究，以及人的每种实践与选择，都以某种善为目的。"他又进一步阐释，教育作为人的实践活动之一，也应以"某种善"为追求目标，从而使教育成为"善的教育"。

从心理学的角度来看，善良包含了两种基本的心理成分：一是同情和悲悯，二是友好与利他。同情和悲悯指一个人能从他人的角度看问题，能体验他人的情感，感受他人的痛苦并产生怜悯之情。利他是一种典型的"亲社会行为"，是为了使别人获得方便与利益而不图报的助人为乐的行为。著名教师李镇西认为："善良，是一切美德的源泉。正义、责任等等美德都是从善良派生出来的。因为要捍卫善良，所以有了正义；因为想到要让别人因我的存在而感到幸福，所以有了责任等等。"

在文科教育中，以语文为典型代表，"善"蕴含在学习素材之中。文学是对以人为中心的整个社会生活的艺术反映，是人的内心世界的表现。在具体的文学作品中，思想道德内容蕴含在艺术形象之中，浑然一体，水乳交融。人们欣赏文学作品，既有审美的享受，又有思想道德的陶冶。在文学作品中，读者可以看到人性中善的一面，也可以看到人性中恶的一面；可以看到英雄伟人，也可以看到卑鄙小人；可以看到人的奋斗，也可以看到人的堕落。从这个角度看，语文教材是对学生进行道德情操教化最有利的一种媒介（郭高腾，《归来兮——语文的人文教育》，《语文教育》，2007，11）。教师对教材中的善人、善事、善行进行分析，大力彰显、赞赏这些人和事，这就是"善的教育"，通过潜移默化的力量引导学生向善。

在语文教学中，有极多的素材可以进行"善的教育"。如儒家学说中"老吾老以及人之老，幼吾幼以及人之幼"的仁爱思想；鲁迅通过《孔乙己》对人们的冷酷、麻木的鞭挞；杜甫"安得广厦千万间，大庇天下寒士俱欢颜"所体现的忧国忧民的情怀；范仲淹"先天下之忧而忧，后天下之乐而乐"的以天下为己任的思想和"不以物喜，不以己悲"的旷达胸襟；莫泊桑《项链》中带着淡淡哀伤而又优美的夫妻之爱；都德《最后一课》所表达的爱国、爱家之情及对野蛮战争的痛斥；里柯克《我们是怎样过母亲节的》中对母亲无尽付出的赞美及对丈夫、子女自私的揶揄；孟郊《游子吟》中如和煦春光的母爱；朱自清《背影》中拳拳的父子之情……

如果说文科教育中的"善"集中于善待他人、善待社会，那么理科中的"善"则集中体现在善待自然、与自然和谐相处。在理科教学中，"善的教育"可聚焦于"STS 教育"——Science（科学）、Technology（技术）、Society（社会）的整合。

STS 教育始于 20 世纪 60~70 年代西方发达国家，科学技术迅速发展，带来了经济发达、社会繁荣，但与科学技术发展有关的重大社会问题（如环境、生态、人口、能源、资源等等）也随之不断出现。现代科学技术的发展，正在冲击着人们的价值观念、伦理观念以及其他社会观念。人们已不再着迷于宏大的工程建设，因为巨大的经济效益往往不足以弥补其对生态的损害；人们不仅赞佩基因工程的神奇魅力，同时也担心它的失去控制可能带来严重的后果；人们惊喜于试管婴儿的诞生，又忧虑由此引起的伦理学和法律上的困惑和纠葛；核技术和太空技术的发展，使人们不得不思考战争与和平的问题。对于这么多的观念冲突，科学教育自不能只问耕耘而不问收获了。（赵学漱等编著，《STS 教育的理论与实践》，浙江教育出版社，1993）

在教学目标上，STS 突出了对科学的文化解读、对科学的社会价值与人生意义的理解，提倡强化科学教育中的社会与人文目标，包括：扩展学生对社会的理解；理解社会生活中的合作关系；培养学生的社会责任感与同情心。

在教学内容上，STS 倾向综合化。STS 教育以学生所面临的社会问题或生活问题为中心来编排内容，试图通过这些内容的学习，使学生掌握参与经济生活、政治决策、公众对话等活动所需的知识、技能与态度。在面对现实的专题学习中，有关经济、环境、健康等问题都被纳入学生的视野，他们从中不仅接受了知识的学习，而且同时接受了价值观教育，获得了对世界综合与多维的理解。

在教学方式上，STS 更加注重探究与体验。STS 重在唤醒主体的自我意识及情感体验，立足于学生的精神世界，提倡情感、反思与价值观的介入，试图建构人与自然、人与社会的意义与价值。因此，STS 教育采取多样化的促进学生体验的教学方式，如课堂讲解、问题讨论、角色扮演、模拟游戏、学生论坛、公众访谈、社会咨询等。STS 教育更体现了科学教育的本质特点，即科学方法、科学态度不是教出来的，而是在实践中探究与体验出来的。

下面以两个例子对上述 STS 教育的理念进行解释。

例1：身边的水污染。

"水"是科学学习的一个模块，其中有一个重要的学习内容就是对水污染形成认识。这部分的教学有许多知识点，但基于 STS 的理念，这部分内容的教学不应只是知识的传递，学生要对水污染的严重性形成真切的情感体验，并且行动起来，保护身边的水源，避免其受到污染。

水是如何被污染的呢？这部分应作为教学的知识储备，学生要理解水被污染主要有以下几个途径：①化学污染，包括天然有机化合物、人造有机化合物和无机化合物。②放射污染，来自于矿物渣滓或产生于矿石的粉碎过程，或是原子反应堆的泄漏和放射物质的废弃物。③石油、胶和水中悬浮的固体，石油、胶阻止空气与水中的氧气和二氧化碳的交换，悬浮的固体阻挡阳光进入水中。④细菌、病毒，这是引起人及动物疾病的直接原因。⑤热污染，工厂及民用冷却水经过反复加热，其物理和化学性状会发生变化，再加上升高的水温，会破坏水中的生态平衡，使得水环境恶化。

在了解了水污染的途径之后，教师指导学生收集水污染的案例，分析污染的途径，感受水污染的严重程度及其形成的危害。有条件的话，教师可鼓励进行实地调查,分析水污染源的类型、污染程度,以及对周边居民、动物和植物的危害。

经过这样的学习过程,学生一定会接触到大量水污染的事实,会在情感层面上形成触动,尤其是看到水污染对生命的戕害后,一定会受到强烈的震撼。这就达到了STS教育的目标——在科学教育中融入人文关怀,学生表现出对生命的关心和尊重,产生了同情和悲悯的情感,达到了"善的教育"的目的。

例2:网络技术对年轻人的影响。

现代人已经离不开网络,尤其是年轻人。网络对年轻人产生了怎样的影响呢?教师首先可向学生传授网络的相关知识,包括网络的起源与发展,网络的构成和功能,网络的运行机制等等。在此基础上,教师可鼓励学生进行实践调查,选取不同区域、不同身份的年轻人,调查其网络使用的情况及网络对其生活产生的影响。

通过调查,学生一定会发现某些年轻人在积极地使用网络,同时网络又对某些年轻人产生了消极影响,如痴迷网络游戏、陷入网络色情、被网络虚拟世界迷惑、网络不当交友等等。

在这样的活动中,学生学到了大量的知识,掌握了调查的方法,学会编制、使用各种调查工具,同时情感、态度和价值观也得到培养。当学生亲身感受网络对某些年轻人的消极影响时,会对网络的"双刃剑"作用形成鲜明、真实的体验,进而反思如何避免、抵制网络的消极作用。这样的教学同样将STS与"善的教育"有机结合在一起。

总之,文科的学习让学生理解并改善人与自己、人与他人、人与社会之间的关系,理科的学习让学生理解并改善人与自然的关系,而这两方面又有着紧密的联系,因为人也是自然中的一部分,人与自然的关系不仅关系着自然的状况,也必然关系着人类自身的发展。人类发展过程中存在诸多问题,包括战争与冲突、族群压迫、生态环境的恶化、贫富差距加剧等等。解决这些问题需要更加明智、文明的方法，人类需要自我约束的力量，我们需要不断与自己内心的自私、贪欲、残暴抗争，这种抗争、自我约束的力量就是善——善待自己、善待他人、善待社会、善待自然！让每一个学生具有这种善的力量，激发他们内心善的基因，这无疑应成为教育的目标，成为教育教学的核心价值观！

（2）求真——富有智慧地活着

想象一下，一个学生毕业后成为某个湖区的管理者，上级要求在水中种植一些植物，以抑制、消除湖水的污染，他该怎么办呢？科学的态度与方法是首先取得湖水样本，然后进行水质检验，判定其中的主要污染物，进而查找资料，选择哪些植物能够有针对性地去除湖水的污染物，还要考虑这些植物是否适应当地的环境，以及多种植物之间的相容性。把植物种植在湖中之后，他还要做三件事：①严密观察植物的生长状态，评价植物生长的适宜性；②定期采集水样，以判断污染去除的效果和效率；③评价植物的生长对湖区其他植物的影响及总体生态效应。要高质量地完成这三件事情，他就必须有恰当的指标、高质量的测试工具、高水平的分析判断能力。

如何获得这样做事的理念和能力呢？中小学教育应为此奠定基础，培养学生求真求是的态度和方法——其核心就是理性精神。

理性精神包括以下几种核心价值观：①追求真理。坚信外部世界具有客观规律性，而且坚信这种客观规律具有可认识性。②崇尚科学。科学与理性是相通的，科学是理性的一种体现。③提倡实事求是、一切从实际出发的现实主义态度。理性精神在推崇理性的同时，并不是将理性与实际经验割裂开来，而是将理性建筑在经验的基础之上。④推崇自主、自觉、敬业、进取的价值观。理性精神具有强烈的独立自主意识，不迷信和盲从权威，富有批判精神。（朱琳，《历史教学中的理性精神探析》，《广西教育学院学报》，2004，2）

理性精神在中小学教育中的体现：学生依靠思维能力对感性材料进行抽象和概括、分析和综合，以形成概念、判断或推理，在此基础上寻找事物的本质、规律及内部联系。我们要相信每个学生都有认识世界的天赋，都可以认识世界；坚持以理性或以理性为基础的思维方法作为判断真假、是非的标准。这两个基本点是理性精神的内涵。（张乃达，《数学证明和理性精神——也谈数学证明的教学价值》，《中学数学教与学》，2003，6）

下面以数学为例，说明教育教学中理性精神培养的基本途径。

● 鼓励质疑问难，培养学生的批判性精神

爱迪生指出：凡是新的不平常的东西都能在想象中引起一种乐趣，因为这种东西使心灵感到一种愉快的惊奇。美籍华人物理学家李政道先生说："思起于疑，小疑则小进，大疑则大进。"比如：某地今年水稻亩产量 1000 斤，每年增长 10%，20 年后亩产量是多少？算出来是 6658 斤，似乎不可能，为什么？通过讨论、分析得知：前提不真导致结论荒谬。该问题的关键并不在于求证答案，而是思维的价值，它反证了粮食不可能是几何级数增长，数学的思辨性在此有了很好的诠释。

● 运用数学史料，引导学生认识、崇尚理性精神

数学知识中包含了大量的公式、定理、法则等，它们都是人类探索自然、追求真理的知识结晶，凝聚着前人的智慧和创造才华，也凝聚着前人对科学的执著追求、百折不挠的精神。在教学中可插入名人轶事，如数学家在探索数学知识、解决问题过程中的思路和灵感；在钻研过程中表现出的锲而不舍、刻苦钻研、坚定执著等等。如希伯斯推翻老师毕达哥拉斯"万物皆数"的论断，用反证法证明了无理数的存在，被反对派扔进大海淹死；罗巴切夫斯基勇敢地打破欧氏几何唯一的、必然的神话，在不为常人所理解的情况下，创立了非欧几何。这些勇于怀疑、敢于否定的批判精神蕴含着极其丰富的教育价值，是培养学生理性精神的优质教学资源。[殷堰工，《数学教育与学生理性精神的培养》，《常熟理工学院学报》（教育科学），2010，6]

● 重视思维方法的训练

理性精神是一种价值取向，但要实现这种价值，还需要一定的理性思维能力。因此，在教学中教师要重视学生思维方法的训练。

在数学教学中要用到许多专门的思维方法，包括观察与试验、抽象与概括、分析与综合、联想、分类、比较、类比、不完全归纳法、完全归纳法、一般化、特殊化等等。（李冬胜著，《数学思维方法》，山西人民出版社，2010）教师在教学时要有意识地培养学生掌握、运用这些思维方法，为理性精神的培养奠定基础。

在课堂上，教师和学生一起探讨："32人参加乒乓球淘汰赛，决出最后的冠军共需赛多少场？"生1：第一轮赛16场，第二轮赛8场，第三轮赛4场，依次类推，一共要赛16+8+4+2+1=31（场）。生2：我们从小的开始数着手指头分析，发现2人需赛1场，3人需赛2场……不管多少人赛，场次总比人数少1，所以我们推断，32人共需赛31场。生3：要淘汰1人，就得赛1场。要淘汰32-1人，就得赛31场。

方法1固然可行，但繁琐异常，数目一旦增加计算量更大。方法2将"猜想"和"推理"结合在一起，彰显了数学思考的魅力。方法3巧妙抓住"淘汰人数"和"比赛场次"之间的内在关联，巧妙地从数学角度审视问题结构，从逆向给出问题的简捷解法，反映出学生良好的"数感"及善于从数学角度观察、分析、解决问题的意识和能力。（姚莉，《在中学数学教学中培养学生的理性精神》，华中师范大学硕士学位论文，2007）

(3) 求美——富有情趣地活着

我们为什么需要感受美，追求美？为什么教师要在教学中凸显学习内容中的美，要训练学生感受美、表达美的能力？

动物在温饱无虞、舒适安全的环境中会感到愉悦，这也是人类感受美的起源，也是美的部分意义所在——给我们带来满足、愉悦和幸福感。美能够引起人们愉悦、舒畅、振奋的感受，使人感到和谐、圆满、轻松、快慰、满足或让人产生爱的情感。除此之外，在教育教学中对学生进行美育是否还有更重要的理由？

这个世界，尤其是人类社会，美、丑混杂，美一定是和善、真联系在一起，而丑一定是和恶、假联系在一起。我们需要美，是因为世界上存在许多的东西，需要我们去取舍，从中发现、留存、珍藏美的事物。有句诗写得好："黑夜给了我黑色的眼睛，我却用它来寻找光明。"追求真和善的过程所带来的愉悦感、幸福感、成就感就是美的体验，而对美的追求也必然会让我们从中发现和体验真和善。同时，对美的追求还能够让我们有能力、有意识、主动地拒绝假、丑、恶，剔除人性中一些丑陋的东西。因此，美的感受和表达能够使我们完善自身，并使这个世界变得更美好。

与动物不同的是，人类感受美的途径极大地泛化且有更多的层次。更本质的区别是，人类不仅从自然界感受美，还能够创造美及相应的审美方式。同样是一朵被摘下的花，在植物学家眼中，看到的是它属于哪个花科；在动物学家眼中，看到的是它花蕊中的寄生虫；在哲学家的眼中，看到的是它生命将逝的凄美；而在环保主义者的眼中，却只会出现没有了花朵的光秃秃的植株。原始狩猎民族，"虽然所住的地方长有鲜花，可是从来不用花朵来装饰自己"。因此，审美是一种扎根于审美主体的自身文化、学识、教养的"高级感觉"。

苏轼有一首《琴诗》："若言琴上有琴声，放在匣中何不鸣。若言声在指头上，何不于君指上听？"朱光潜指出，要有琴声，就既要有琴（客观条件），又要有弹琴的手指（主观条件），总而言之，要主观与客观统一。在朱光潜看来，统一的过程实际上是艺术加工的过程，"物的形象"也就是"艺术形象"，所以，美是艺术的特征。因此，人类的审美超越了本能，成为一个需要"训练"的过程，审美需要学识、文化、体验作为基础，而教学是实现这一过程的重要载体。

总的看来，教学内容中的美可归为两类：一是表达感性的感觉、情绪和情感，以文科教学为主；二是表达理性的思考，以理科教学为主。

以语文、美术和音乐为代表的文科教学，体现美的载体分别是文字、绘画和音符。这些内容的表达有形式美和内容美之分，二者相对独立，但更多的时候紧密结合在一起，即所谓的"形神兼美"。形式美主要靠感官去感受，内容美要靠思维、知识去解读。

朱光潜在《谈美书简》中写道:"世间天才之所以为天才,固然由于具有伟大的创造力,而他的感受力也分外比一般人强烈。比方诗人和美术家,你见不到的东西他能见到,你闻不到的东西他能闻到。麻木不仁的人就不然,你就是请伯牙向他弹琴,他也只联想到棉匠弹棉花。感受也可以说是'领略',不过领略只是感受的一方面。世界上最快活的人不仅是最活泼的人,也是最能领略的人。所谓领略,就是能在生活中寻出趣味。好比喝茶,渴汉只管满口吞咽,会喝茶的人却一口一口的细啜,能领略其中风味。

"能处处领略到趣味的人决不至于岑寂,也决不至于烦闷。朱子有一首诗说:'半亩方塘一鉴开,天光云影共徘徊,问渠那得清如许,为有源头活水来。'这是一种绝美的境界。你姑且闭目一思索,把这幅图画印在脑里,然后假想这半亩方塘便是你自己的心,你看这首诗比拟人生苦乐多么恰当!一般人的生活干燥,只是因为他们的'半亩方塘'中没有天光云影,没有源头活水来,这源头活水便是领略得到的趣味。"

教师在教学时,要像朱光潜说的那样,凸显教学内容中的美,让学生学会"领略",不仅领略作品的形式之美,还有作品的内涵之美,更重要的,还要把二者关联起来,即让学生体会作者是怎么通过文字、绘画和音符等形式表达美的内涵。

以数学、物理、化学、生物为代表的理科教学,体现美的载体是人类的思维之美,通过思维人们发现自然界和人类世界的规律,并且将这种规律用简洁、平衡、优美的方式表达出来。这其中充满了发现的乐趣,对人类思维能力的惊叹,对思维成果的欣赏。

爱因斯坦指出:"关于世界最不可理解的事就是它是可以理解的。"通过人类的思维,表达我们对这个精妙世界的理解,体现这个世界的和谐,这就是发现美、表达美的过程。这个过程是人们通过对世界中自在的、深奥的美的向往和体验,运用科学的抽象化与形式化等手段,以概念、定理、理论的方式将其显示出来,从而实现了自然界的固有结构(和谐、对称、统一、简单、秩序)与人的认识、人类心灵深处的渴望在本质上的吻合,使人们产生巨大的心灵满足和情感触动,成为极为深刻的美的感受。

谈到相对论,有多少物理学家依然沉迷在它绚丽多姿的美之中。法国数学家彭加勒认为,世界之所以是神圣的,正因为它是和谐的。美国物理学家密立根曾赞誉狭义相对论是19世纪一种美丽的光的波动理论的自然继续。德国物理学家玻恩说:"广义相对论在我面前像一个被人远远观赏的伟大艺术品。"美国学者钱德·拉萨克则认为,广义相对论在其发展的每个水平都显示了调和中的奇异,它具有比任何其他理论都多的无与伦比的美。

对于自然界和思维世界里所显示出来的崇高庄严和不可思议的秩序,爱因斯坦自始至终既十分赞赏、敬仰和崇拜,又为之感到狂喜、惊奇、谦卑乃至敬畏,还为此而产生了由衷的热爱和迷恋之情。他认为出自物质世界和人类理性认识之中的这种神秘的和谐,是科学实践中无穷的毅力和耐心的源泉,是科学创造的最强有力、最高尚的动机。(程民治,《爱因斯坦的科学美学思想探析》,《安徽师范大学学报文科版》,2002,9)

综上所述,科学文化求真求实,人文文化求善求美。两者尽管形成的背景、关注的对象以及涵盖的内容有所不同,但在深层的价值取向上,则是互通、互补的。有人把科学、人文社科、艺术比做三棱塔的三个面,当人们站在底部,这三条边之间相距很远,但当人们站在塔的高处时,它们之间的距离就近多了,一旦到达顶端,就会发现这三个方面是融合在一起的。教育的最高价值是对真、善、美和谐统一的追求,真、善、美是教育教学中宝贵而又迷人的线索,希望每一个教师都能在教学中体现真、善、美,从而站上教学的至高点,此时教师和学生一定会看到新气象,体验新境界。

2. 用"人"感动学生、教育学生

现实生活中有一些人是青少年的"偶像",如影星、歌星,我们可以看到他们对青少年的价值观产生了多大的影响,这就是人影响人的力量!那么,作家、美术家、音乐家、科学家，这些创造了人世间的真、善、美的人为什么不能成为青少年的偶像？！这些人在思考、探究并且获得知识的过程中所表现出的情感、态度、价值观，以及这些人自身的品格和事迹，对学生来说有深刻而直接的教育力量，应该成为价值观教育的重要载体。

例如，教师在讲到计算机的起源及其中的具体技术时，不可能绕过图灵这个人。他是公认的计算机之父、人工智能之父，是计算机逻辑的奠基者，提出了"图灵机"和"图灵测试"等重要概念，人们为纪念其卓越贡献而设立了计算机领域的最高奖——"图灵奖"。

如何介绍图灵？如果我是教师，我会从苹果这个品牌入手。当前"苹果"公司及其产品风靡全世界，尤其得到年轻人的追捧，很多学生拥有苹果的产品，如手机、电脑、音乐播放器等，苹果公司的创始人之一乔布斯拥有大量的青少年拥趸。我会问学生一个问题："你们知道苹果公司的商标图案为什么是一个咬了一口的苹果吗？"这个问题一定会引起学生的兴趣——这与图灵有关。

图灵的命运非常悲惨。他是一名同性恋者，这在20世纪50年代的英国被视为重罪，1952年他因此而被捕。他有两个选择：要么坐牢，要么接受医学实验性质的激素治疗。图灵选择接受治疗，但治疗让他痛苦不堪，受尽羞辱。1954年一天清晨，再也无法忍受的图灵配置了一种氰化物药剂，将其注射到一只苹果里，自己咬了一口苹果，短短几分钟之后便死去。

图灵去世大约20年后，1976年，伟大的苹果电脑公司成立了。公司的总裁乔布斯为了纪念他的偶像——图灵，用一只咬了一口的苹果作为公司标识。

图灵去世大约四年之后，英国取消了将同性恋定罪的法令。2009年9月10日，在三万民众的联名请愿下，英国当时的首相布朗正式代表英国政府向图灵因为同性恋被定罪并导致其自杀公开道歉。

如果我是教师，我一定会跟学生分享上面的故事，让他们知道图灵是一个多么有才华的科学家，但不幸生活在一个愚昧、残忍的时代。相信绝大部分年轻人都喜欢苹果的手机、平板电脑，那么就记住苹果的创始人的偶像——图灵及他的人生经历吧,这比教师空洞地讲保护人权、反歧视的效果要好得多。

再举一例。李白和杜甫是我国历史上两位最伟大的诗人,他们都经历了坎坷的人生和颠沛流离的生活。李、杜互相写的赠寄诗充满了真诚的情谊。杜甫在《与李十二白同寻范十隐居》中写:"余亦东蒙客,怜君如弟兄。醉眠秋共被,携手日同行。"他还写下了《赠李白》、《春日忆李白》、《冬日有怀李白》、《天末怀李白》、《梦李白二首》等诗,盼望着"何时一樽酒,重与细论文。""三夜频梦君,情亲见君意。"杜甫对李白遭诬受害而被流放到夜郎表示了极大的同情和挂念:"江湖多风波,舟楫恐失坠。""水深波浪阔,无使蛟龙得。"李白直接为杜甫而写的有两首,一是《鲁郡东石门送杜二甫》,另一首就是《沙丘城下寄杜甫》:"我来竟何事,高卧沙丘城。城边有古树,日夕连秋声。鲁酒不可醉,齐歌空复情。思君若汶水,浩荡寄南征。"由于杜甫不在身边同游,"齐歌"引不起李白的感情,"鲁酒"也提不起酒兴,思友之情就像永不停息的汶河水。在讲李白与杜甫的相关诗作时,如果不谈谈这两个人,不谈谈他们的人生、友谊,实在是太可惜了,这是多么好的价值观教育的机会。

价值观教育中人的力量还有另外一个方面,就是文学、美术、音乐作品中的真实或虚构的人物形象,这对学生的影响也是直接而又深刻的。

以红楼梦为例,其中有上百个鲜活的人物,作者通过人物的背景、外貌、性格、行为等等投射了自己的好恶与价值判断,包括忠、奸,美、丑,善、恶,高大、渺小等等,教师和学生一起对这些人物形象进行还原和分析,对其或赞扬、欣赏,或批评、鞭挞,这本身就是价值观教育的过程。以文学作品中的人物作为价值观教育的载体,这样的机会在中小学语文教育中不胜枚举。

此外,低年级教学中,还有许多童话和寓言,其中的人物或者动物形象也极为鲜明地表达了作者的价值观,如《农夫与蛇》、《白雪公主》、《滥竽充数》、《愚公移山》、《皇帝的新装》、《狐假虎威》、《狐狸与乌鸦》等等。这些内容生动有趣，符合学生的阅读趣味，又蕴含深刻的人生哲理，实在是价值观教育的好材料。

3. 价值观教育不能简单化

世界上珍贵的东西一定是丰富、有内涵、值得品味的，价值观对学生有那么重要的影响，它一定像宝石一样，只有反复揣摩才能发现它的价值。因此价值观教育一定不能简单化，绝不是粗浅地将某个理论或说法灌输给学生就可以了。

举例来说，孟郊（751~814，唐代诗人）的《烈女操》："梧桐相待老，鸳鸯会双死。贞妇贵殉夫，舍生亦如此。波澜誓不起，妾心古井水。"如果是语文教师讲解这首古诗，该向学生传递怎样的价值观？

比较简单的教法：古诗宣扬烈女节操，是对女性的禁锢，为死去的丈夫守节是愚昧和残忍的。如果女性迫于社会和习俗的压力而守节，心怀愁苦、压抑人性，这就是"用道德在杀人"了，这当然应该受到唾弃和批判。可是，对某个具体的烈女来说，以自己的青春殉夫，岂不让人生怜？再进一步地思考，如果是夫妻感情笃好，妻子对亡夫思念至深，自愿在怀念中度过余生，这样的感情不仅失去丈夫的妻子有，失去妻子的丈夫也有，过去有，现在有，将来也会有，这样凄美的爱情岂不让人叹息？

教师还可以与学生进一步探讨，在唐代，人们对女子贞操并不特别看重，诗人或许另有寄托，藉烈女之吟，抒志洁行廉、孤高耿介之士人气节，这又是另一个层面的价值观了。因此，就像前面的案例，作者通过《雷雨》传递那么复杂的价值观，显示了对人生、对宿命的深沉思考，可我们的教参却将其简化为一个"社会问题剧"，这真是太遗憾了。因此，价值观教育不应是"贴标签"，追求一个简单、明了、不需要思考的答案，这样的价值观教育由于没有经过学生的思考、分析、判断，只能附着在思想的表层，无法进入学生的心灵，其教育效果注定是肤浅和失败的。

2012年11月4日，北京遭遇暴雪，高速公路阻断，一些村民将一碗方便面卖到20元。而此前几天美国东部遭受了飓风"桑迪"的侵袭，大面积停电，一个市民在门口挂了一个牌子，上面写"我这里有电，您可以免费给手机充电"。高价卖方便面和免费充电的图片被放在一起贴在网上，引发了激烈的争论。很多网友都对北京附近村民的行为感到失望，指责他们"见利忘义""趁火打劫"。可是有一名网友对此进行了冷静的思考：泡一碗方便面需500毫升左右热水，一个5磅的大暖瓶只能泡5碗面，从昌平南口镇（村民居住地，作者注）到京藏高速，走路接近10公里，就算一碗面赚15块钱，在暴风雪天气里拎大暖瓶走十几里路只能挣75块钱！看了这样的分析，教师应鼓励学生思考，卖方便面的村民为了谋生要付出这样的辛苦，这和美国那个家庭为他人提供电力不可同日而语。此外，两种不同的现象，是否体现了"仓廪实而知礼节，衣食足而知荣辱"？是否和两个社会中的人的生活背景有关？另外，报道称很多货车司机被困，他们已经接近10小时没有进食，这些村民如果担心背负"趁火打劫"的恶名不去售卖事物，司机怎么办呢？此外，我们是否还要思考政府的应急意识和能力是否到位的问题，避免类似现象发生的最有效的方法还是政府相关部门提高应急和救援能力。

因此，价值观教育应避免简单化的倾向，就像把玩一个艺术品，应该从多个角度去审视它。一方面，教师必须传递正确的价值观，另一方面，教师必须引导学生分析、判断和思辨，这也是"授之以鱼不如授之以渔"的体现，因为价值观本身是不断发展的，价值观判断的条件也是不断变化的，未来学生会碰到很多问题，这些问题可能不会有既定的答案，因而他们的判断能力更为重要。

4. 价值观教育要与时俱进

社会在不断地发展和变迁，价值观的核心是对人、对事的看法与评价的标准，也必然要"与时俱进"，即使对于同样的人和事，随着时代的发展，价值观也会有变化。例如，曾经的价值观教育提倡和赞扬用生命保护公共财产、小学生舍身救人、遇到歹徒要勇敢搏斗等等，而现在我们认识到人的生命是最宝贵的，我们会用另一种价值观审视上述现象。

再以中国文化中的核心价值观——孝顺——为例，一位网友（网名"啃咸菜谈天下"）对此进行了深入的思考：孝心是人类对长辈的一种自然的心情流露，孝心是我们每一个人对长辈的自然心理反应。父母把我们养大，自然就会有感情，只要不是道德品质有严重问题，我们都会有孝心。我们不反对孝心，但是反对封建孝道。因为孝道这个东西，早就被封建统治阶级利用了。孔夫子是非常重视孝道的人，也是首先把孝道政治化的人，有人问孔子为什么不从政时，孔子引用《尚书》里的话来解释说，自己虽然在野，但是能用孝悌观念来影响社会政治，也就是参政了。可见在孔子看来，宣扬孝道就是一种政治行为。另外，从其他一些儒家典籍中，我们也可以清楚看到孝道政治化的痕迹。《孝经·开宗明义章》云："夫孝，始于事亲，中于事君，终于立身。"这就表明了"孝"的政治指向。

此外，封建孝道并不着重于对老人生活上的关心，它着重于对老人的尊重和服从。孔子说："今之孝者，是为能养，至于犬马，皆能有养。不敬，何以别乎?"从这里可以看出，孔子提倡孝的目的不在于要给老人一个安宁的生活环境，而在于一个"敬"字，要求晚辈的恭顺。古训"孝子之养老者，悦其心，不违其志"，孝顺的核心思想是"服从"，这使得年轻人的思想很有可能被控制、被禁锢，而且行事的原则不以公正和正义为标准。（http://www.tianya.cn/publicforum/content/free/1/2639017.shtml）

通过这段话，我们能强烈感受到确实应该对"孝顺"进行反思了，要在新时代的立场上对"孝顺"这一价值观的过去、现在和未来进行重新的审视。不仅孝顺这个传统观念如此，任何一个价值观都是有历史、有背景的，在"穿越"时光的过程中也都在不断地发生着变化，经历着不断"进化"的过程。作为一名教师，一定要以动态的、"与时俱进"的态度审视要传递给学生的价值观，体现时代的脉搏，去除价值观中不合情、不合理，甚至是错误的内容，彰显其中更符合时代特征、更美好的成分。

5. 提倡多元价值观并坚持基本是非观

多元价值观值得尊重，对一件事情不同的人有不同的看法，这不但是正常的，而且是值得鼓励的。前面提到的"批判性思维"和"创造性思维"及本章的"价值观教育不能简单化"都提倡多元价值观。

尊重多元价值观的一个重要表现是处理好主流与非主流价值观的关系。主流价值观是大多数人认可、奉行的观念和准则，非主流的价值观是少数人的观念和准则。例如当前社会上的绝大部分人认为人都要结婚，都要生孩子，也有少部分人认为可以不结婚，也可以不生孩子，前者是主流价值观，后者是非主流价值观。非主流价值观不需要提倡和鼓励，但需要宽容和尊重。这是因为一方面，我们现在的主流价值观很有可能在若干年前是非主流价值观，非主流价值观有开风气之先的意义；另一方面，允许非主流价值观存在是宽容精神的体现。教师听到学生表达"与众不同"的想法，要予以尊重和理解，这本身就是对学生宽容精神的培养，也给学生批判性、创造性思维的发展留下了空间。

在此特别需要指出的是，多元价值观不等于是非不分和无条件接受。

语文教育专家钱理群写道："鲁迅说，一本《红楼梦》，'经学家看见《易》，道学家看见淫，才子看见缠绵，革命家看见排满（排斥满族人，作者注），流言家看见宫闱秘事'诸如此类，难道都要无条件地尊重吗？毛泽东看见了'阶级斗争'，而我看到了封建大家族男性接班人的精神危机，难道不是更为发人猛省吗？"（钱理群等著，《解读语文》，福建人民出版社，2010）

因此，教学中面对多元价值观，教师仍然有必要进行分析和引导。《江西教育》（2006）上有这样一个课例：

在《滥竽充数》的学习中，教师请学生对南郭先生进行评价。有一位学生说："南郭先生很聪明！"教师表扬道："听你这么说，老师也觉得有些道理。谁还赞成这种看法呢?"更多的学生纷纷发表意见:"南郭先生很会利用机会,他看准了齐宣王喜欢听大伙儿合奏的机会,混了进去,很聪明。""南郭先生很知趣,一看齐湣王的爱好和他父亲不一样,喜欢听独奏,就非常及时地离开了,避免了出洋相。""南郭先生知道自己的底细,还能顾全大局,不争着出风头。"教师听后若有所思地回答:"想不到同学们有这么独特的理解,让老师也觉得耳目一新!"于是转身在黑板上写下了"聪明"二字。

教师这样处理肯定是有问题的,如果人们都像南郭先生这样"聪明",那么整个社会将会乱套并且变得非常功利和势利。小学生给出这样的答案是因为他们的思考还不够全面,无法抓住矛盾的主要方面,这恰恰是非常好的价值观教育的机会。教师可以通过生活中的实例让孩子们体会,我们应当唾弃这样的"小聪明",这对自己、对他人、对社会都是不利的。

因此,多元价值观并不是"没有是非观",也不是"和稀泥",教师不能认为学生讲的东西就要无条件接受,更不能认为对学生的想法进行探讨和指正就是压抑、不尊重学生的思想。那么,如何区分多元价值观与错误的价值观呢?基本依据就是普世价值观,即在整个人类文明的背景下,世界上普遍认可的价值观。大多数人认可不是我们要认同这些价值观的原因,而是因为普世价值观体现了更高级的文明,体现了人类永恒追求的正义、公平、善良、宽容等美德。

6. 价值观教育不能靠灌输

如何传递价值观?体验、触动是两个关键词。

台湾著名电视剧演员李罗十几岁的时候家里发生了大变故,父亲被捕入狱,整个家庭从上流社会跌入社会底层,亲戚朋友避之唯恐不及。为了养活家庭,为了让母亲过上好日子,李罗加入了黑社会。有一次,他把一叠钱给母亲,母亲一言不发,看也不看,李罗只好把钱放在桌子上。一星期后他回家，发现钱还在那个地方，李罗觉得母亲不但没有动甚至连看都没有看那叠钱。那一刻他感受到了巨大的悲痛，彻底认识到他真的伤了母亲的心，他下决心要转换生活的轨道，最终他也做到了。

这就是体验的价值，一个人的心被震撼了，被触动了，他的价值观才有可能建立或重塑。

网上有一张真实的照片，给我留下了难以磨灭的印象。火车站，一个中年男人在站台上，父母在火车上，火车还未开动。由于温差和车内空气湿度较大，车窗玻璃上都是水汽，看不到父母的样子，但在车窗的玻璃上父母写了两个字——"保重"，中年人在拭泪。是啊，此情此景，谁又能不被感动，谁又能不伤感呢？这一张照片值得久久凝视和思索，此时任何语言恐怕都是苍白的。

因此，如果向小孩子传递环保的价值观，不要喋喋不休地给他们讲道理，最好的方法是让他们亲身体验，感受一下自己身边的环境和生态，让他们眼见为实。如让他们早上把鼻孔擦干净，下午放学的时候再擦擦看；让他们解剖死去的鱼虾，闻闻河水的味道，看看河水的颜色，再看看那些污水口怎样往河里排放污水。

价值观的传递不能靠说教，有时恰恰是说教让学生很抵触。因为说教往往是不真诚的，说教者有时说着言不由衷、自己都不相信的大道理；说教也往往让人讨厌，因为说教者不管学生心里怎么想，他只想把自己的想法"灌"进学生的脑袋，甚至强迫学生同意自己的想法，我想任何一个有自尊心的人都会反感、拒绝这种方式。

我和一个高中的班主任合作过一次班会活动。当时电视上一个非常红的相亲节目中，一位女性征婚者发出一句名言"宁愿坐在宝马里面哭，也不愿坐在自行车的后座上笑"。我们将此作为素材，与学生们进行探讨。我们告诫自己，千万不要对学生说教，因为你说一万句，都抵不过学生的一句"谁不喜欢钱？"你给学生讲"马克思和燕妮的爱情"，学生会说"他们的爱情很好，可是找有钱人也没什么不好"，学生还有可能用中国的老话对付你，"贫贱夫妻百事哀"。更何况在现实生活中,我们自己在进入婚姻时难道不考虑经济因素吗?

我们和学生一起分享了李益的《江南曲》:"嫁得瞿塘贾,朝朝误妾期,早知潮有信,嫁与弄潮儿。"还有李白的《江夏行》:"悔作商人妇,青春长别离。"这两首诗都描写了青春女子嫁给了富有的商人,可后来都"悔不当初"。因为钱能买来珠宝,却不一定能带来幸福、爱情和欢愉。她们嫁给了富有的商人,其代价却是再也不会回头的青春和美好的爱情。进而,我们给学生展示了当下一个名人——某著名英语培训机构创始人——沸沸扬扬的离婚案。此人为了事业长期不照顾家庭,尤其屡次对三个女儿食言,因此他的妻子与其争吵,他当着孩子的面殴打了他的妻子,不但给妻子造成身体创伤,也给妻子和孩子的心理造成了严重创伤。我们想让学生了解钱和地位并不能保证一个人拥有幸福和美满的家庭。

在这些案例面前,多数学生陷入了思考。思考之后学生的发言更加理性和平衡,我们与学生最后达成了共识:追求富裕的生活没错,但富裕的生活要靠自己的智慧和劳动去创造,不能以婚姻、爱情和青春做交换,这种交换必然会使人失去独立和尊严,一个没有尊严的人也注定不会得到婚姻伴侣的尊重。面对婚姻,可以考虑对方的经济状况,但这不应该是第一位的,在婚姻中至上的应该是爱情,这永远应当是婚姻的前提。

这个班会课的案例说明,价值观教育更应是一个启发学生思考的过程,以思考代替被动接受,让学生在分析和判断的过程中,自己体悟什么是好、坏、对、错,这样的价值观教育才富有实效。

此外,价值观的教育要融入日常学习和生活之中,对学生产生潜移默化的影响。只要教师善于发现,在日常教学中渗透价值观教育的机会比比皆是。曾任《人民文学》副主编的肖复兴先生有一篇文章被选入小学语文课本——《那片绿绿的爬山虎》——其中有一个片段令人印象深刻:

> 1963年,我上初三,写了一篇作文《一张画像》。经我的语文老师推荐,这篇作文竟在北京市少年儿童征文比赛中获奖。当然,我挺高兴。

一天，语文老师拿来厚厚一个大本子对我说："你的作文要印成书了，你知道是谁替你修改的吗？"我睁大眼睛，有些莫名其妙。"是叶圣陶先生！"老师将那大本子递给我，又说："你看看叶先生修改得多么仔细，你可以从中学到不少东西！"

我打开本子一看，里面有这次征文比赛获奖的20篇作文。我翻到我的那篇作文，一下子愣住了：首先映入眼帘的是红色的修改符号和改动后增添的小字，密密麻麻，几页纸上到处是红色的圈、钩或直线、曲线。那篇作文简直像是动过大手术鲜血淋漓又绑上绷带的人一样。

回到家，我仔细看了几遍叶老先生对我作文的修改。题目《一张画像》改成《一幅画像》，我立刻感到用字的准确性。类似这样的地方修改得很多，长句子断成短句的地方也不少。有一处，我记得十分清楚："怎么你把包几何课本的书皮去掉了呢？"叶老先生改成："怎么你把几何课本的包书纸去掉了呢？"删掉原句中"包"这个动词，使句子干净了也规范了。而"书皮"改成了"包书纸"更确切，因为书皮可以认为是书的封面。我真的从中受益匪浅，这不仅使我看到自己作文的种种毛病，也使我认识到文学事业的艰巨：不下大力气，不一丝不苟，是难成大气的。

这是一个多么好的、天然的对学生进行价值观和行为习惯教育的素材，一个教育家身体力行地表现了"认真"对一个人来说是多么重要的品质，类似这样的例子在教学中不胜枚举。

5. 通——通联广达

在经典成语故事《瞎子摸象》中，摸到象牙的，说象是萝卜的根；摸到象耳的，说象是簸箕；摸到象脚的，说象是舂米的器具……教师在教学中要避免犯这样的错误，要全面、完整、立体地审视所教内容，不能只见树木不见森林。

我的学生，历史学院的邵莘越，在一篇作业中回忆了给他留下深刻印象的刘老师。

教我弹琴的老师姓刘，他不仅琴弹得好，课教得棒，而且他的个人修养也很高，他喜欢练习书法，他的摄影作品经常在比赛中获奖。

记得那是在初三的寒假，我去老师家里看望他。老师问我最近有没有练琴，我回答说，自己在照着谱子听CD练《梅花三弄》。老师听了之后很高兴，立刻叫我弹一遍给他听。弹完之后，刘老师略微沉吟了一会儿，说道："《梅花三弄》是一首古曲，早在东晋时期就已经出现了，起初是用笛子吹奏的，因为中间有三次变奏，所以叫梅花三弄。后来被改变为古琴曲，再后来被移植到古筝上。要想弹好这首曲子，光靠埋头苦干练技巧是远远不够的。在古代，往往是读书人喜欢弹古琴，古琴和古诗的韵味是相互融合的，所以要弹好这首曲子，必须了解古代描写梅花的古诗才行。"刘老师问我："你能背几首关于梅花的诗词吗？"我背了陆游《梅花绝句》中的一首："闻道梅花坼晓风，雪堆遍满四山中。何方可化身千亿，一树梅花一放翁。"老师满意地笑道："很好，这是描写雪中的梅花，淡粉色的梅花瓣上堆满了洁白的雪花，在清风的吹拂下微微颤抖。你感受一下刚刚自己弹的泛音那一段，像不像梅花枝挂着雪在风中抖动？所以泛音要点得格外的灵动，容不得一丝杂音，一定要干干净净，玲珑剔透。还会背其他的诗吗？"我又背了一首王安石的《梅花》："墙角数枝梅，凌寒独自开。遥知不是雪，为有暗香来。"老师说："梅花开在墙角，冒着严寒坚强地挺立，还不断地飘过缕缕暗香，抵御严寒靠的是梅花的筋骨，缕缕香气是梅花的魂魄。你想想刚才在高音区弹奏的那段，声音清脆跳跃又不失沉稳，每一个音符都流露出无尽的风韵，那种欲说还休的节律像不像不时飘来的香气？"我立刻觉得恍然大悟，不住地点头。老师接着说："陆游《梅花绝句》中还有一首，是我最喜欢的。'雪虐风号愈凛然，花中气节最高坚。过时自会飘零去，耻向东君更乞怜。'你自己体味，同样描写雪中的梅花，这首诗的感情更加的沉郁和决绝。你想想为什么要用低音区表现梅花？这里表现的不是梅花的外形，而是她的气度和品性，赋予了梅花一种宏大的气魄，即使随风飘去，也有一种屹立不倒的东西留在天地之间。"刘老师将琴曲的表现方式和古诗中的意蕴结合在一起，真是妙极了、通透极了。他接着说："你要记住，梅花一弄断人肠，梅花二弄费思量，梅花三弄风波起，云烟深处水茫茫。三次变奏，要弹得一次比一次感情充沛，最初犹如蜻蜓点水，玲珑剔透，然后要清脆跳跃，沁人心脾，最后一次变奏要弹得深沉稳健，厚重大气，最后的结尾要风韵悠然，给人绕梁三日而不绝的余味。"

刘老师的这一堂课令我印象深刻，对我的影响是深远的。直至今天，我都喜欢听古曲，喜欢读古诗词，去感受那种耐人寻味的意蕴。我想，也许这就是一个成功的老师所给予学生的潜移默化的影响吧。

看完这个案例，我只能说："妙！妙！妙！"刘老师的课称得上"旁征博引""触类旁通""深入浅出"，而其中的核心就是一个字——"通"，理论和实践相通，过去和现在相通，不同学科之间相通，学科内的知识相通。

一株植物有根、茎、枝、叶、花、果，它们看起来是那么不同，但谁能否认它们是一个整体，是一个系统，各部分之间有着密切的关联呢？此外，这株植物能不能长好，还和周围的环境包括水、空气、温度、湿度、阳光等有关系。因此，教师的课要讲得高效、精彩，就得建立在"通联"的基础上。

如何将知识通联起来呢？可考虑以下几种策略：

1. 将知识与应用通联

著名数学家华罗庚曾说，宇宙之大，粒子之微，火箭之速，化工之巧，地球之变，生物之谜，日用之繁，无处不用数学。刘绍学在《证明的艺术》（贺贤孝编著，湖南教育出版社，2000）的序言中写道："人们创造数去记载物件的个数、长度、速度等，运用多项式去表述物理定律，用矩阵去做多种商品的价目表，去刻画几何中的变换。人们创造微积分，使得人们在研究几何图形和物理现象时有了强有力的工具。例如，根据物理定律，数学工作者通过计算能够判定某一从未发现的星体必将在某天某时在某方向上出现；数学世界在爱因斯坦的相对论出现之前已经准备好一种几何空间，刚好满足它的需要，我们日常生活中离不开的计算机也是先在数学世界中酝酿。"

中小学阶段学习的绝大部分知识，都与生产、生活实践密切相关，是为了解决实际问题而产生和发展的。例如，我在培训时问教师们一个问题，为什么长方形的面积是长×宽？对于这个看似很简单的问题，绝大多数教师都回答不出来。数学中的面积计算，为了表示平面上某个形状的大小，首先要界定面积大小的概念，这和表示长度首先要界定长度单位一样（长度的国际标准单位是米，这是人为规定的），而面积的单位是边长为1的正方形的面积。因此，长方形的面积是长×宽，其本质就是计算这个长方形中有多少个单位面积。进而，分别用割补法和分半法得到平行四边形及三角形面积计算方法；再把梯形分解成两个三角形和一个矩形得到其面积计算公式。这就是一个数学知识的应用背景，这一系列的计算和数学抽象，都与现实应用有关，教师对此了解得越多越深入，讲课就会越通透。

人们在解决现实问题的同时"创造"了知识，这些知识都有应用的"根"，只有寻到这个"根"，才能真正明白这些知识是如何形成的，其意义是什么。在教学中，教师一定要重现"人类实践所面临的问题及解决问题的思维历程"，这是基础教育阶段绝大部分知识的重要载体。教师在课程导入时可以提出一个实践性的问题，然后问学生，怎么解决这个问题呢？例如，在学习指数函数时，教师可提出一个问题，有一笔钱需要存3年，可以选择存1年定期，到期自动转存，年利率是3.5%；也可选择存3年期，利率是4.5%，哪种方式划算呢？这就是一个实践性问题，其中涉及指数函数的知识——$y=a^x$。这个实践性问题为学生提供了一个学习的原型，让学生将所学的知识与其能解决的问题通联起来，从而明确这些知识的意义和价值，更好地促进对知识的理解和掌握。

再以美国和英国的化学课程内容为例。《社会中的化学》是美国化学学会组织编写的，这本书的内容分为8个单元：①水的供给；②维护我们的化学资源；③石油：用于建设还是燃烧；④了解食物；⑤我们世界中的核化学；⑥化学、空气与天气；⑦化学与健康；⑧化学工业：作出的承诺与面临的挑战。

英国的"索尔特初级化学课程"的内容有16个单元：①衣着；②饮料；③食物；④金属；⑤取暖；⑥运输化学品；⑦建筑；⑧食物制造；⑨农业；⑩保洁；⑪矿物；⑫塑料；⑬燃烧和化学键；⑭今天和明天的能源；⑮抵抗疾病；⑯电化学。（王声榜，《贴近生活　贴近社会——高中化学课程改革的趋势》，《化学教学》，2005，1-2）

从这两本书的目录可以明确感受到，学生所学的化学知识与生活实践的结合是多么紧密，这些化学知识来源于实践，也服务于实践。教师在教学中也应当有意识地将知识与实践通联起来，让学生感觉学习知识就像认识身边的一个老朋友一样。此外，知识应用于解决实践问题，显示了知识的力量，这种力量会给学生提供更强大的学习动力。有许多教师的课不受学生欢迎，一个重要的原因就是学生不懂教师讲的这些内容"有什么用"，糟糕的是，教师也不知道这些知识有什么用,讲课成了"搬砖"——把课本上的知识原封不动地搬到学生脑袋里,根本没有转化和吸收,学生怎么会喜欢这样的教学呢?

2. 将知识与现象和学生的经验通联

地球为什么会有四季变化?为什么同一时间北半球是冬天,而南半球是夏天?让学生理解这个问题最好的方法是用地球仪,在一定倾角下围绕着一个模拟的太阳旋转,这能让学生获得最直接、最鲜明的印象和经验,抽象的知识与具体的现象通联起来,对学生迅速、深刻理解这个知识点非常重要。

在物理教学中,教师也可以将物理知识与生活中的现象通联起来。例如,许多学生都看过杂技表演:气功师躺在布满钉子的"钉床"上,肚子上放一块石板,大铁锤把石板砸碎,气功师却安然无恙,他是铜筋铁骨吗?表演者在烧红的炭火上行走脚底板却没事,他有特异功能吗?一个人站在鸡蛋上鸡蛋却不碎,他真的有轻功?这些现象背后都有物理知识,教师在讲这些知识的时候如果能与这些现象结合起来,一定能充分调动学生的好奇心,并且有效促进学生对物理原理的理解。

经验可看作"内化的现象",现象侧重客观反映,经验侧重主观感受。在前面第三章"实"中有关于教学难点的原因分析,其中一个原因就是学生经验的缺乏或片面限制了学生对所学知识的理解,因为这些知识本身就是从经验中提炼和抽象出来的。

将学习与现象和经验通联起来,对于学生思维方法的训练也有重要意义。近代科学有两种基本的思维方法,一是归纳法,二是推演法。

孟德尔被誉为现代遗传学之父。1856年夏天,孟德尔开始从事豌豆杂交实验,由于他具有敏锐的观察力和卓越的推理能力,发现不同品种的豌豆种杂交后的植株的性状分布有明确的规律,而且不同性状的分布有一定的比例关系,进一步的研究发现多种性状的表现是可以预测的,这在遗传学中成为奠基性的、重大的、突破性的进展。孟德尔当时并不知道基因的概念，也不知道性状是由基因控制的，更不知道等位基因在减数分裂时会随着同源染色体的分离而分开。人们基于好奇心的探索永远没有止境，美国科学家沃森和英国科学家克里克1953年4月25日和5月30日在《科学》杂志上发表论文，提出了DNA的结构及其自我复制的机制，这是人类解读遗传密码的一次突破性的重大发现。如果孟德尔对遗传现象进行了"是什么"的探索，那么沃森和克里克则从"为什么"的层面揭示了遗传的秘密。

这个案例就体现了基于现象和经验的归纳法的思维方式：知识的发生和积累是一个从表象到规律、从具体到抽象、从现象到原因层层深入的过程。从经验到理论，从现象到规律，这是人类知识产生和发展的一条重要线索，教师在授课时将知识与其产生、发展的经验基础通联，这一点很关键。

诺贝尔奖获得者杨振宁曾指出，多数中国学生擅长复杂的推演，而不擅长归纳法的运用。这使得教学有一个危险，就是学生的知识体系不接"地气"而成为"空中楼阁"。语言作为第二信号系统出现之后，人们得以借助这一有力的工具以概念的形式对具体现象进行抽象，表达其中的本质和规律，并且将知识高效、高速地积累起来，这也反映了中小学教育的一个核心特点——获取前人积累的知识，因此学生的学习具有间接的特点。但是，教师需要注意，间接的学习并不是忽视乃至屏蔽学生对现象的观察和理解，从现象到规律是一切学习的必然过程，学生能在较短时间内积累大量知识，不是不需要经验，而是这个过程高度浓缩和定向使得其效率变得很高。

美国大教育家杜威所诟病的传统教育，是错把教育的历程看成为一种结果，使教育的意义——经验的成长——被忽视，于是教育的方式、内容以及所谓的目的都是虚悬着的。杜威在主张教育是经验的生长与重组时，并没有完全忽略了经验发展的指导原则。如果没有原则加以指导，经验的生长是盲目的；如果没有指导经验发展的原则，则经验之发展是毫无意义的。

因此，学生不需要复制孟德尔十几年的科学探索过程，但学生仍然需要观察和了解具体的遗传现象（即使这些现象以图片的形式展现）。人教社高一物理教材第29页有一幅图片,飞机加速滑行时固定时间间隔拍照,可以看到照片上飞机的间隔越来越大,这就是将抽象概念"加速度"与具体的现象通联起来了。教师一定要辅助学生在学习过程中的经验积累,一个天生听不到的人看到书上描述鸟儿的鸣叫有多美,他一定无法理解;一个从小失去母亲的孩子,面对母爱的描述会感到茫然,缺乏现象和经验支持的知识和理论是非常苍白和虚弱的。

有些学生抱怨教师照本宣科,一个重要的原因就是教师缺乏将书上的概念、理论、规律还原为现象的能力,这可能与教师自身缺乏生活体验有关,也可能因为教师有丰富的人生阅历却无法将其与教学内容联系起来,当然,还有一种可能就是教师自身对概念、规律的理解不深刻,没有"深入",自然不可能"浅出"。

3. 知识自身"生长"的纵向通联

人类的知识从无到有、从少到多,是一个"生长"的过程,从这个角度来看,知识是"活"的,是有"生命"的,每一个知识,都有它的"过往""今生"和"来世"——它有产生的原因和基础、有发展的过程和积淀,有未来的方向和模式。那么,知识生长的动力是什么?一是前文提到的来自经验的概括和抽象——归纳,再就是这一部分要强调的逻辑的力量——推演。

刘绍学在《证明的艺术》(贺贤孝编著,湖南教育出版社,2000)的序言中写道:"数学世界中的确还有另外一面,按照数学自身发展的规律提出和研究的一些问题,它们是数学世界中特有的现象,例如大家都听说过的哥德巴赫问题,当你接触、研究它们时,你会感到一种棋艺味、艺术味、哲学味,它本身看来不像是研究现实世界可以用得上的工具,然而它们却和数学世界中的工具性质相互呼应、相互影响、紧密联系而共同组成一个绚丽多彩的统一世界。"

这里所提到的"数学世界的另外一面"就是基于推演而形成的知识。人们有了语言和符号工具后，其思考和表达发生了质的飞跃，人们可以摆脱具体的形象事物而利用抽象符号进行思考，这是推演的一个重要方式。举例来说，1953年，我国著名数学家王元从事哥德巴赫猜想的研究。1956年，他证明每个充分大的偶数都是一个不超过3个素数的乘积及一个不超过4个素数的乘积之和，简记为（3，4），1957年又将结果推进至（2，3）。在这项工作的基础上，我国数学家潘承洞证明了（1，5）与（1，4）。最后，数学家陈景润证明了（1，2），这样要完全解决哥德巴赫猜想只差了一个素数。这样的知识与生活、实践并没有明显的联系，它的发生、发展完全出自人们的好奇心。这样的知识有一个明显的特点，就是脱离了具体的事物，以抽象符号为载体，利用推演总结规律、积累知识。

在初中之后，某些学科，如数学、物理、化学，出现越来越多的形式运算。在高中数学教材的主编寄语中（人民教育出版社等编著，《普通高中课程标准实验教科书·数学·必修1》，2004），有一段话写得非常好：在这套教科书中出现的数学内容，是在人类长期的实践中经过千锤百炼的数学精华和基础，其中的数学概念、数学方法与数学思想的起源与发展都是自然的。如果有人感到某个概念不自然，是强加与人的，那么只要想一下它的背景，它的形成过程，它的应用，以及它与其他概念的联系，你就会发现它实际上是水到渠成、浑然天成的产物，不仅合情合理，甚至很有人情味。

在这段话中，出现了"背景""形成过程""应用""与其他概念的联系"等词汇，这说明任何一个知识点的教学都需要周边多个因素的支持，是一个通联的系统工程。

下图是初中数学有关"平面内直线之间的位置关系"这一部分的知识点及其之间的关系。（课程教材研究所等编著，《义务教育课程标准实验教科书·数学七年级下册教师教学用书》，人民教育出版社，2004）

从这幅图我们可以看到，知识之间既有纵向联系（有些知识能够涵盖另外一些知识），也有横向联系（知识之间处于同一个层次）。以数学、物理为典型代表的学科借助推演形成了错综复杂的知识体系，从一个知识点可以延

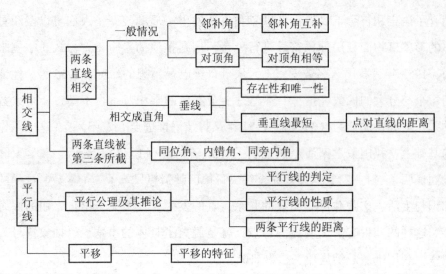

伸出许多概念、原理、公式。知识之间有明确的前后秉承关系，通过推演可以使新知识"生长"在已有知识的基础上。教师要帮助学生梳理概念之间的发展脉络，在教学时要以"前后""左右""上下"等多种方式将知识联系起来。

知识的产生和发展就像一个孩子变着花样儿蹦啊、跳啊，他想看看能把自己的身体"使用"到怎样的程度，同时在这个过程中他也获得了乐趣。某种意义上，数学、物理、生物等学科是人们对自然现象的探索，而语文、美术、音乐则是人们对自我的探索。因此，要想获得这些学科的通达，教师需要思考："我现在教给学生的这些内容，是如何演变过来的，它的起源、发展历程是怎样的，与以往及周边的表现形式有怎样的关联，哪些因素促进了它的发展与转变。"就像我们现在吃的小麦与一千年前的小麦一定是不一样的，但它发展到今天，一定有一条轨迹，一定可以追溯回去，在追溯的过程中，我们了解了它如何演变以及为何演变，逐步的演变分别具备了哪些特质，又丧失了哪些特质。

对教师来说，如何把握知识发展的脉络做到通达呢？教师要看一些学科理论书籍（如文艺理论，语文学科教学论等），尤其是学科发展史（如数学史、文学史）方面的书。此外，教师还可以关注一些学科发展方面的历史轶事，这些故事不但有趣，而且对于把握知识的发生发展状况很有好处。还有，教师需要追踪学科知识发展的前沿，对学科前沿的把握越透彻，就越能够深刻理解学科知识发展的脉络。

4. 不同领域知识的横向通联

南京大学的莫砺峰教授在讲座中提道：在哈佛大学进修时，听到一个白人教授讲韦庄的《金陵图》，第二句是"六朝古都鸟空啼"。这位白人教授用的版本印刷错误，鸟变成了"乌"。他用了一个小时讲这个字用得如何好，因为乌鸦在中国文化中代表凄凉、落寞、不详，南京已不是都城，乌鸦的啼叫恰恰烘托、映衬了这样的氛围。

下课后莫教授指出，这里应该是"鸟"而不是乌，两个原因：一、古人写诗有一种重要的技巧——"以乐景写哀，一倍增其哀"，鸟儿欢快地吟唱，更凸显了"物是而人非"的悲伤之情；二、鸟是押韵的，而乌不押韵，韦庄的写作风格工整，严格平仄押韵，不可能出现这样的低级错误。

莫教授提出来的两个论据极具说服力，让我们真切地感受到他的深厚学养。与前述知识之间的纵向通联不同，这两个论据之间没有传承和生长的关系，二者相对独立，这是一种知识之间的横向通联。这种通联在教学中表现在两个方面。

（1）为了核心教学内容而通联其他知识点

在北师大进修的教师匡煌辉在给我的作业中写道：

我第一遍教课文《孤独之旅》时，我对文中主人公杜小康的成长总有一点拿不准，因为这是一个节选，我并没有读到全文，所以在讲解时，觉得很难把握。面对学生提出的问题，我也无法进行更多的评议。我自己对这堂课不满意，学生们也不满意。当时我的一个学生问我："老师，我这儿有曹文轩的《草房子》，你想看看吗？"我用了一个晚上的时间把这本书看完以后，对杜小康的成长历程有了一个清晰的把握，一个少年承受着生活带给他的种种苦难，而他竟然还能够茁壮地成长着。对于孤独，我也有了更深的理解。同时我又去图书馆找到了曹文轩的另外一些书：《山羊不吃天堂草》、《青铜葵花》、《细米》等，这些阅读使我对作者的创作风格和写作背景有了更多的了解。当我又一次讲这篇课文时，我完全摆脱了教案的束缚，学生们听得津津有味，而我自己在台上也能找到以前根本找不到的上课的感觉。正是通过读书，我提升了感受力，增强了感悟力，形成了教学魅力。

匡老师教的课文是一篇小说的节选，她细读了整篇小说，找到讲解这篇课文的"背景"，有了这个"背景"的衬托，对课文的理解就更全面、更深入。进而，匡老师找到了作者的其他作品，这就像看到了一棵树木背后的森林，将作者的写作风格、写作手法、作品演变等通联起来，形成一张知识网，从而将课文的教学托到了一个新的高度。

（2）将教学内容由"点"变为"簇"

《普通高中课程标准实验教科书·语文教师教学用书》中有一段话：鉴赏诗歌有多种方法，如抓住诗歌中的意象，尽可能展开联想和想象，理解诗歌的主旨，体会诗人表达的感情，注意作品的写作背景和诗人的思想状况；要注意欣赏诗歌的形式美，分析诗歌的表达技巧；要品味诗歌凝练、含蓄、富有跳跃性和音乐性的语言特性等。

在这段话中，出现了"意象""主旨""感情""写作背景""思想状况""形式美""表达技巧""语言特性"等词汇，这是欣赏诗歌的若干关键方法，提示一个文学作品有很多侧面，理解这个作品的本质就是了解它不同的侧面，这也明显地体现出知识之间的横向通联，只有通过这种通联，才能从多个角度、多个层面获得对知识的理解。

特级语文教师余映潮说：读《我的叔叔于勒》，可以用课文内容印证非常多的"文学知识"：主要人物，次要人物；情节，细节；背景，场景；正面描写，侧面描写；语言描写，动作描写；神情描写，心理描写；波澜，巧合；虚实，抑扬；伏笔，照应；详写，略写；顺叙，插叙……从而多层次多角度地指导学生的阅读。课文研读要勾联一个"外"字，即课文可以牵连出很多课本之外的知识。研读《行路难》，得弄清楚什么是乐府诗、乐府古题、典故、映衬、警句、炼字、炼句、诗眼等，以拓宽学生的知识视野。（《余映潮的中学语文教学主张》，中国轻工业出版社，2011）。

余老师的教学将这么多的知识进行整合、通联，在如此丰厚的知识基础上，学生一定会对课文形成细腻、深入的理解。更重要的是，学生在这个过程中学到了许多知识，这样的教学必然是高效的。

5. 学科间知识的通联

本章开头的有关音乐教学的案例，极为典型地体现了学科间通联的形式及其价值。刘老师将古诗和古琴巧妙地关联起来，为古琴弹奏赋予了深刻丰富的内涵，诗中有乐，乐中有诗，给予学生极大的启发。

物理教师在讲述楞次定律时，可以联系化学中的勒沙特列原理——如果改变影响化学平衡的一个条件（如浓度、压强或温度），平衡就会向着能够减弱这种改变的方向移动。这两个定律在行为本质上具有一致性——负反馈调节。还可以引入老子在《道德经》里的一段话，"天之道其犹张弓与。高者抑之，下者举之。有余者损之，不足者补之。天之道，损有余而补不足"。让学生感悟自然之法则——"损有余而补不足"，楞次定律和勒沙特列原理不过是其在物理与化学中的具体表现。（张玉成的博客，《妙"比"生花——物理教学中比喻的有机运用例说》，http://blog.sina.com.cn/s/blog_8512a7670100uf5x.html）

这样的教学多好啊，教师不仅将物理知识和化学知识通联，还与语文知识通联起来。学科知识之间的通联是天然存在的，教学必然是一个融会贯通的过程，把握这种通联，是提高教学效率、优化教学效果的途径之一。

人类从不同的视角、用不同的方法观察并探究自然和社会现象，这成为学科分立的重要原因。但是，不同的视角和方法研究的毕竟是一个对象，不同的侧面和层面都是这个整体的一部分，分科无法切断知识之间天然存在的联系，因此对事物的认识既有"分"的过程，也必然有"合"的过程。举例说来，一部高质量的电影，就是音乐、舞美、造型、美术等方面的有机整合，它们相互作用、相互渗透，浑然一体。

21世纪初启动的课程改革，其中一个重要的改变就是将分立的物理、化学、生物整合为"科学"课程。而新的"艺术"课程不仅将音乐和美术进行整合，戏剧、舞蹈、影视等也进入艺术课堂。即使没有被整合的学科，教师也不可能"只扫自家门前雪"，因为知识之间必然存在着千丝万缕的联系，忽视这种联系不可能把课讲得精彩。

以语文教学为例，课文中的科普文或说明文，其中有很多物理、化学、生物等方面的内容，这是语文教师无法回避的。

苏教版语文教材八年级下册有一篇文章——《叶》。教师在讲这篇文章时一定会涉及"叶的作用和价值"，包括：①基于光合作用为昆虫、动物、人类提供食物；②基于光合作用将二氧化碳转化为氧气；③调节气候、净化环境：增加湿度，降低地面温度，分泌杀菌素，降低噪音；④制药：如枇杷叶治肺热咳嗽，大青叶治咽喉肿痛；⑤检验大气污染：虞美人的花叶对空气中的硫化氢非常敏感，一旦空气中有硫化氢，它便会"花容失色"；⑥建筑学上的仿生利用：世界博览会博览馆大厅、悉尼歌剧院参考叶脉惊人的支撑力；⑦勘察矿藏：三色堇与锌，喇叭花与铀相生相伴；⑧气象预报：含羞草叶自动闭合预示暴风雨即将来临……

如果语文老师能够通联上述知识，一定能把这篇文章讲得更透彻、更精彩。作为一名语文教师，不必也不可能成为一个各学科都精通的全才，但是立足语文，了解、熟悉其他学科的知识还是必要的，这就是"专家"和"杂家"之间的关系。

语文还可与历史学科通联。在语文课本中有许多成语和典故，如"斩木为兵""揭竿起义""指鹿为马""破釜沉舟""约法三章""楚河汉界""十面埋伏""四面楚歌"等等，这些成语和典故背后都有一段精彩的历史，语文教师在讲解这些成语的时候，需要与历史知识通联，否则就只能让学生记下这些成语、典故的字面意思。

再以化学教学为例，以下是一位教师提炼的高中化学中与生物、物理学科相关的内容：

在必修模块中化学与生物学科密切相连的内容很多：①自然界碳、氮循环对维持生态平衡的作用。②尿液中葡萄糖的检测，淀粉的水解和水解产物的检验。③与化肥使用相关的测定土壤酸碱度，改良酸性、碱性土壤的一般方法。④酶的催化作用，蛋白质的性质。⑤粗盐的提纯。⑥测定市售食盐中是否含有碘元素。⑦海水资源及其利用。⑧放射性元素、放射性同位素在农业、医疗等方面的应用。

化学与物理学科也有密切的相关：①化学能转化为热能、电能。②不同种类电池的化学反应及其性能与用途。②新型合金、复合材料的性质与用途。③制造芯片的硅晶体的制造原理。④金属的电镀和电解。⑤氢原子光谱及玻尔理论有关知识、原子吸收和光谱分析。⑥晶体化学特征与其物理性质的关系，包括认识金属晶体、离子晶体、分子晶体和原子晶体。⑦煤气、液化石油气、煤等的化学反应与其热能利用。⑧焓变与熵变的基本知识。（燕校龙，《高中化学新课程跨学科教学的研究》，硕士学位论文，山东师范大学，2006）

总之，虽然当前大多数教学实施的是分科课程，但不能忽视学科之间必然存在的关联，复合型、立体式教学是自然的选择。

以上是教师在教学时自然也必然发生的"主—辅式通联"——以所教学科知识为核心，其他学科的知识作为辅助。还有一种课型——综合实践活动课，这种课以主题为线索，更深刻地体现了学科间的通联。

说起"盐"，我们最先想到这是化学（盐的化学性质及其化学反应）、生物（盐在生物体内的作用）、物理（盐的物理性质及其制取）的教学内容。那么，请看下面这两段有关盐的背景资料。

在漫长的历史中，食盐很难制取，也因此被当作珍贵的贸易物资。在一些时期，盐被当作货币使用。食盐贸易和城市兴衰、经济繁荣、战争胜负结合在一起,掌握了食盐专营权的人富可敌国,世界各地都为贩盐建立起"盐路"。

由于食盐对人类生存具有重要地位(特别是对于内陆国家),中国自古以来各个权力机构都对其有相当严厉的管制,包括生产、贩卖、价格等,都有严格系统的管理、立法限制和专项治理。在古代社会,因为对盐的高价贩卖引发过战争。在现代社会,由于运输业的发展,这种限制逐渐在缩小。

基于这些内容,我们能够感觉到小小的盐可是"不简单"——里面有文学(人与盐的故事)、有历史(与盐有关的制度、战争)、有地理(盐产地的地理环境及其演变)、有风俗(盐在不同地域、民族的使用),甚至还有宗教(《圣经》中关于盐的内容)。因此,有一个有趣的说法——"盐是跨学科的"。

这是一个很好的综合实践活动课的主题,让学生在多学科的融合中进行学习,从中得到全面而又丰厚的知识技能、过程方法与情感态度价值观的收获。

本章第4点强调学科内知识通联,第5点强调学科间知识通联,如何做到呢?这就要求教师应当是"专家",在某个学科领域有专长,同时也应当是一个"杂家",有着宽阔的视野和广博的知识。

钱理群在《做教师真难,真好》中写道:"教师应该是'专家'。中学教育,中学语文教育,都是一门学科,因此有一个专业化的问题,教师理应是中学教育的专家,语文教师理应是语文教育的专家。但对语文教师而言,除了中学语文教育学之外,还应有具体的语文业务,按我的理想,各个老师还应该在其中的某一领域有自己的专长,以致专门的研究。记得50年代我在南师附中读书时,我们的语文老师就是各钻一门,各有所长的:有位老师精通语法,另一位熟谙古典诗词,自己也写得一手好诗词,还有一位对新文学有很高的造诣。这样,他们在教学中也是各显神通,对学生有不同影响:我对鲁迅的爱好,就可以说是那位新文学研究者的老师着意培养的结果。"

教师还应当是"杂家"。记得鲁迅当年曾批评"文学青年往往厌恶数学，理化，史地，生物学，后来变成连常识也没有，研究文学固然不明白，自己做起文章来也糊涂。"我在《新语文读本》编写工作中，提出了"文理交融"的教育理想。我引入有关论述，指出，"审美和求知是人类自在的天性，与生俱来"，只是后来的分工"使科学与艺术异径而走，分工也分化了人们的心智"，并强调"随着社会的进步，科学的发展，人文科学、自然科学的融合，将是一个必然的趋势，这也从根本上促进真、善、美的接近"。

做到钱理群教授所说的"专"与"杂"的平衡，教师需要多读书，多学习。梁启超曾告诫已到美国留学三年的梁思成："你该挤出一部分时间学些常识性东西，特别是文学或人文科学，稍稍多用点工夫就能有大的收获。我深怕你因所学太专一的缘故，把多彩的生活弄得平平淡淡，生活过于单调，则生厌倦心理，厌倦一生即成苦恼之事……书宜杂读，业宜精钻。"这对每一位教师来说也是一个很好的建议。

教学中的通联提供了知识强化的机会，就像我们与一个人见一次面可能印象不深，但是在不同的场合见了好几次，印象就会深刻了。由于通联后知识不是孤立地呈现，而是多个角度、多次呈现某个知识，这无疑会使知识学习的过程被强化。通联也提供了丰富知识的机会。在知识通联的过程中，一定会涉及很多课本中没有的知识，这将让学生有机会学到大量知识，使教学变得更丰富、更丰满。

第二辑
把握教学形式

第一辑——把握教学内容——决定了教学的内核,即期望通过教学学生能有怎样的收获与成长。这一辑——把握教学形式——探讨通过怎样的教学形式实现教学期望、达到教学目标。

有的教师对学科教学内容的理解是相当深刻和高水平的,但他不一定是一个好的教学者,这就类似一个数学家不一定是一个好的数学教师一样。一个学问很好的老师如果语言表达能力差,不擅长与学生互动,他的教学一定很糟糕。

总的看来,教师把握教学形式可从以下五个方面入手。

> 引——引生入"胜"
> 问——好问题驱动教学
> 比——打比方、举例子、作比较
> 动——让学生动起来
> 趣——乐趣、兴趣、情趣

6. 引——引生入"胜"

高效教师与低效教师的一个重要区别在于：前者将学生"引入"学习的美好境地，后者"牵着"学生被动学习。从把握教学形式的角度来看，教师很像是一个"导游"，"导"意味着教师激发学生的学习兴趣和主动性，在乎学生的感受，关注学生的收获，为学生提供支持；"游"意味着教与学成为一个富有乐趣的、享受的过程。对于旅行来说，完美的结果不是看导游言辞多美妙、表情多丰富、精力多旺盛，而是要看游客有多满意、多尽兴。

如何将学科之美呈现在学生面前，让学生领略学习的美妙和"胜景"呢？

1. 激发学生的学习期待和学习热情

高效学习最重要的基础和前提就是拥有学习的积极性和主动性，因此，使学生形成学习期待和学习热情是教师进行教学引导的一个重要环节。学习期待与学习热情可分为激发与定向两个阶段。激发指学生的学习愿望被调动起来，定向指学生有了明确的学习目标。这类似于导游向游客展示了旅行地的美景，游客们对即将到来的旅行充满向往和动力，进而，导游与游客一起分享具体的旅行计划，使游客心中有具体的行动目标。

苏教版《化学反应原理》中"化学能转化为电能—原电池"这一部分，教材的实验是用锌与硫酸铜溶液制得原电池，使电流计指针发生偏转，可是这个实验太抽象，我转为取生活中的电池为例以调动学生学习积极性。我取一枚西红柿、两根导线、一根铜丝、一根铁丝组成原电池，将课本实验的电流计换成音乐贺卡。当接通电路，贺卡里的美妙音乐在教室里响起时，学生们激烈地议论起来，这是怎么回事儿呢？同学们猜测西红柿、两根导线、一根铜丝、一根铁丝组成了一个小电池，可是它们是如何发挥电池的作用的呢？学生很想知道个究竟，我又将西红柿改为了白醋、硫酸，接通电路，音乐再次响起，这引起了学生再度的热烈讨论，也产生了深入学习原电池原理的渴望。

学习苏教版《有机化学基础》中"醛的性质"时，学生对醛的认识不够，有同学提出来："酒精、醋酸我们平时都看得到，可是醛是什么呢？"我想起楼下的实验室才装修好，就开了一个专题实验课——居室中甲醛气体的检验。同学们先在小试管中加入 1 滴 10^{-4} mol/L 的 $KMnO_4$ 溶液，再加入两滴 6mol/L 的 H_2SO_4 溶液，再用注射器多次抽取空气样品注入小试管中，观察溶液的红色是否褪去。实验过程中同学们非常认真，绝大多数同学没有发现褪色现象，其中有一组同学在新做的实验柜里抽取了空气，发现褪色现象比较明显。同学们分析：实验柜才做好，而且一直密封，所以甲醛浓度较高，因其具有还原性而使酸性高锰酸钾褪色。同学们兴奋地说："我们都成了环保局的专业测试人员咯！"同学们后来碰到有关醛的性质的试题，正确率就很高。他们还深刻地体会到，装修要用环保材料，房屋装修后不能立即搬入，要打开窗户和橱柜通风透气，还到网上查阅了一些能吸收室内甲醛的植物，这些都使学生体验到了"生活中的化学"。

(何翼飞，《高中化学教学中渗透 STSE 思想的教学设计研究》，硕士学位论文，南京师范大学，2011)

在这个案例中，教师让学生用西红柿和白醋发电，为什么要增加这个环节？打个比方，教材原先的实验类似一个成人餐厅，食物没问题，但不吸引学生。而这位教师将学生带到一个专为孩子量身打造的儿童餐厅，教师通过学生熟悉的事物和奇妙的现象，充分激发了学生的学习热情和学习期待。西红柿、白醋"发电"的原理和锌与硫酸铜溶液制得原电池的原理是一样的，但寻常的西红柿做出不寻常的事情，这便吸引了学生，也为学生深入理解原电池的化学原理奠定了基础。"甲醛测定"的教学组织更体现出学生的学习热情被充分激发起来，学生主动地求知和探索，化学学习变得具体、自然、亲切，学生也得到多重收获。

学生乐学、有高涨的学习热情和动力是高效教学的基础和重要特征。美国著名认知心理学家加涅认为学习的第一个环节就是形成"期待"，这种期待使得学习由被动变主动，并且为学习储备、提供优质动力。

积极的动力要有方向，高涨的情绪要有依托，学生只有在明确了学习目标之后才有可能主动朝着目标"奔跑"，这是形成主动学习状态的条件之一。学习目标如果只是"藏"在教师的心里，学生就只能跟着教师被动地亦步亦趋。因此，学生的学习期待与学习热情被调动起来之后，下一步教师就要引导学生明确学习的目标。

科学课教材中有一个单元的教学目标是："掌握鉴别岩石的简单方法，了解几种常见岩石的特征。"教师可以将此写在黑板上，告诉学生这就是本节课的学习目标。这是否算是"明确了学习目标"呢？这么做可以，但不够好，学生的第一反应可能是："为什么要鉴别岩石？为什么要了解岩石的特征？"

教师可以换一些方法，给学生呈现一些材料并问他们一些问题，如：

"你们去山区旅游的时候，有没有发现有些山石很漂亮，或很特别？"

"你们知道吗？科学家考证我们这个地方几十万年前是海洋呢，他们是如何考证的——通过岩石！那么，科学家从岩石上获得了哪些信息呢？"

"你们知道最软和最硬的岩石分别是什么吗？"

"同学们，看这幅图，在这个风景区内有六种岩石，你能看出几种？"

在这些问题的启发之下，学生们一定会感到新奇、有趣，他们会相互讨论或发表自己的看法。教师可引导学生明白回答上述问题需要学习本节课的内容，其目标就是"掌握鉴别岩石的简单方法，了解几种常见岩石的特征"。完成这个学习目标有以下三方面的用处：①人类需要各种矿产，而矿产的探测与岩石的种类和分布有关系；②岩石是研究各种地质构造和地形地貌的物质基础；③岩石是研究地壳历史演变的依据。在上述问题的铺垫下，此时教师再呈现这些具有抽象性和概括性的教学目标，学生就比较容易理解了。

我们再来看一位生物老师如何引导学生理解教学目标并形成学习期待。

> 在每节课的开始，我都创设与教学内容有关的有趣的教学情景，努力做到一开始就把学生的注意力吸引到课堂教学中来，浓厚的兴趣会使学生产生积极的学习态度，并以渴望、积极的心态投入到课堂学习中去。
>
> 例如，学习《人的性别遗传》时，展示受精卵、男孩、女孩的图片，教师提出问题：同样是受精卵，为什么后来有的发育成男孩，有的发育成女孩？学生根据已有的知识和生活经验，做出各种假设：可能是受精卵内的遗传物质不同；也可能是受精卵在发育过程中发生了变异。学习《输血和血型》时，展示图片，在第二次世界大战时期，德国士兵伤亡很大，他们对大批重伤员进行输血抢救，有些伤员输血后转危为安，而较多的伤员输血后却加速死亡，这是为什么？一些学生马上想到可能是由于血型不合造成的，并进一步联想到自己是什么血型，怎样检验血型，现在医院是怎么输血的等等一系列的问题。学习《生物进化的原因》时，展示各种恐龙的图片，然后提出问题，恐龙曾经作为地球的"霸主"达一亿年，但是，它们却在六千多万年前神秘地从地球上消失，恐龙为什么会灭绝？学生做出各种假设，有的学生说恐龙灭绝可能是不能适应当时的环境变化，还有的学生说，可能是大的行星和陨石撞击地球造成尘埃飞扬，遮天蔽日，导致生物的大量死亡等等。

（杨玉华，《构建快乐的生物课堂是实现有效教学的重要举措》，《现代教育科学》，2009，5）

上述生物课和科学课的引导有一个共同点是，将学习内容置于真实的问题情境中，与具体的现象结合起来，让学生理解"要学什么"以及"为什么学"。教学目标只有被学生理解并成为学生自己的学习目标，才会成为学生学习的有效驱动力。有时教师在讲台上讲得很热闹、很投入，可是学生在下面很被动、很冷淡，一个重要的原因就是学生不知道学这个有什么意义。在上述科学和生物教学中，教师通过提供实际的案例，让学生内心"生长"出一个鲜明、具体的问题并作为学习目标的依托。关于这一点，请参考第五章"通"中有关"将知识与应用通联"和"将知识与现象和学生的经验通联"的内容。

2. 为学习提供支持

一个导游调动了游客的热情，明确了旅行的目标，下一步要做的是为游客的旅行提供支持和引导。学习过程充满艰苦和挑战，但学习是学生自己的事情，教师不能代替他们承担压力和挑战，教师能做的就是为学生提供支持，这样的支持有"软件"和"硬件"两种形式，"软件"着重于创设良好的学习氛围，"硬件"着重于为学生提供学习资源和素材。

（1）营造良好的学习氛围

在一个餐馆吃饭，菜品的质量当然重要，但顾客是否愿意来、是否吃得开心愉快，还与餐馆的装修、布局、风格、服务人员的态度举止等有很大关系，这些就是所谓的氛围。对教师来说，在教学中也需要创设良好的氛围。

我的学生朱荣在作业中分享了他的一段"高四"经历。

> 我的第一次高考失败了，我决定复读。回想起那段复读的日子，我想即使现在我没有在北师大，我也不会感到遗憾，因为那段我高中生活中最快乐、最充实的日子，让我受益匪浅，对我来说弥足珍贵。
>
> 我很庆幸我选择了一所适合我的复读学校，班里一共39个同学，相比以前80个人的教室，让人感到宽敞和舒适。班里的同学来自十几个不同的县区，不同性格、不同经历，以及课间用各自方言沟通的那种活力，都让这个集体变得很吸引人。
>
> 老师也来自不同县区，不同的口音、不同的教学风格，给我们的"高四"生活也增添了不同的色彩。胖乎乎又幽默的数学老师总是在欢乐

的气氛中引导我们思考、讨论；门牙和皮肤一样黝黑的地理老师总会允许我们在铃声响起后吃完早点再开讲；我们称作"爷"的历史老师总会用最亲切的陕西话对我们说"娃呀，这背不会咋能行么"；虽已四十多岁但穿着、言谈仍很时尚的英语老师总能让我们的课堂充满新鲜感；还有像妈妈一样慈爱的语文老师；连我们略带严厉的政治班主任老师，也会在周六晚上假装忽视我们在教室里看电影。

在欢乐气氛的带动下，我们的心情也变得轻松、愉快，学习似乎也像玩儿一样有用不完的劲。

高考成绩出来那天，班主任群发短信：全班39个同学，全部上二本线。我们的智力很一般，我们的努力也赶不上那些刻苦的学生，我知道创造奇迹的是那轻松愉快的学习氛围，以及关爱我们如子女般、亦师亦友的教师团队。

"高四"的生活竟然是这样的！轻松愉悦的学习环境、良好的师生关系，这是学生取得好成绩的关键因素。好的氛围引起学生积极的情感体验，调动了学生的学习积极性，焕发了学生的学习能量。

再比如体育课上教师让学生在一个游戏的过程中完成热身活动。学生在"老鹰捉小鸡"的游戏中奔跑、躲闪，与学生沿着跑道默默跑三圈，二者的运动量可能是一样的，但学生参与游戏活动的热情显然会高得多，而且游戏中还有后者无法实现的学生之间的合作与互动。

总的说来，良好的学习氛围包括学生感到安全和自在，生生、师生之间有良好的关系，学生能够自由表达自己的想法，他们被平等地对待，每个学生都能感受到教师对他们的高期望，每个学生都可以坦承自己的不足和弱势，不必担心会遭到教师或同学的厌弃。

（2）提供学习资源

教室、教材、多媒体等等都是学习资源，是教育行政部门统一配备的基本学习条件，在一个范围如某所学校内往往是无差别的。这里所说的学习资源强调的是教师为优化教学效果、为支持学生学习所提供的资源。总的说来，学习资源有两种：素材资源和情境资源。

● 素材资源在教学中的应用

在一个历史遗迹前，导游绘声绘色地向游客介绍了该遗迹的渊源、演变、历史事件、传说、文化意义，游客一定听得津津有味，感叹"不说不知道，一说真奇妙"！如果没有导游提供这些素材，游客很有可能在珍贵的遗迹前匆匆而过，这些素材就是导游为游客获得更丰富、更有价值的旅行体验所提供的支持。

教学同样是这样，教师在教学中提供的素材、补充的知识为学生的学习提供了支持。素材有两类，一类是背景性素材，另一类是目标性素材。

《万物简史》（布莱森著，严维明等译，接力出版社，2005）中"地球物质"部分有一段描述：

> 地球上天然存在92种元素，再加上实验室里制造的20种左右。最难以捉摸的元素算是砹。砹的量实在少得可怜，科学家认为，整个地球上砹还不足20个原子。在自然存在的元素中，总共只有大约30种在地球上分布得很广，只有五六种对生命是极其重要的。
>
> 你也许会想到，氧是最丰富的元素，占地壳的将近50%。但是，其后的排列往往出乎意料。比如，谁想得到，在最常见的元素当中，硅在地球上占第2位或钛占第10位？元素的丰富程度，与我们对它们的熟悉程度或它们对我们的有用程度毫无关系。许多不大知名的元素实际上比我们熟悉的元素丰富得多。地球上的铈比铜还多，钕和镧比钴或氮还多。锡勉强进入前50名，落后于不大知名的镨、钐、钆和镝。
>
> 丰度与重要程度也不一定有关系。碳只居第15位，占地壳的可怜巴巴的0.048%，但没有碳就没有我们。碳的与众不同，在于它大方随和地与别的元素都混得来。它是原子世界的交际花，缠住许多别的原子（包括自己），紧紧搂住不放，结成称心如意而又极为牢固的伴侣——大自然创建蛋白质和DNA的奥秘就在这里。然而，虽然我们那样离不开碳，但你体内每200个原子当中，有126个氢原子，51个氧原子，却只有

19个碳原子。

别的元素也很重要,但不是对于创造生命,而是对于维持生命。我们需要铁来制造血红蛋白,没有铁,我们就会死亡。钴对于制造B12是必不可少的。钾和一丁点儿钠对神经系统有明显的好处。钼、锰和钒有助于保持酶的活力。锌——愿上帝保佑它——能氧化酒精。

上学时我并不喜欢化学,成绩也不好,但这段有趣的文字确实吸引了我,从中我不但获得了很多知识,而且引发我思考更多的问题,使我有了探究的欲望。如这92种元素是怎么发现的?人造的元素又是怎么回事?钫的量那么少,科学家是如何"捕捉"到它的?碳元素真的能和所有元素结合成化合物吗?我想读者也会有类似的其他问题,也想接着看下去。

这是一个比较典型的背景性素材,这样的素材与教学目标可能没有直接的联系,但能有效地提升学生的学习兴趣,同时提供了背景性知识。学生回想中小学时给他们留下深刻印象的老师,这些老师往往有一个共同的特点,就是知识渊博,虽然知识渊博的教师呈现给学生的很多知识都不是考试内容,但是这些高质量的素材让学生觉得某个学习内容是那么有趣,和自己竟是如此亲近!这些素材能让学生理解所学知识的意义,生发探究的愿望,以更加愉悦的情绪面对学习。

下面是一个应用目标性素材优化教学的案例。

在讲"Good Manners in England"(英国礼节种种)这一课时,首先要创设情境,运用多媒体系统播放事先准备好的有关欧美礼节方面的几个录像片段,内容包括"Birthday Party(生日聚会),Wedding Ceremonies(婚礼),Business/ Trade Talks(商务、贸易谈话)"等。在播放过程中,提醒学生注意录像片段中所涉及的种种恰当的和不恰当的行为,为后续学习做好铺垫。

录像之后,教师提出一系列问题:①What are these videos about? Can you make a comment on the manners shown in the videos? What are the appropriate manners and what are the inappropriate manners according to the West?

(录像展示了什么？你能对此说说自己的看法吗？在西方，什么是恰当的、什么又是不恰当的行为？) ②What do we Chinese people usually do in such situations？Could you make a comparison and contrast between China and the English speaking countries as far as manners are concerned？Try to make as many examples as possible to illustrate your point. (在录像中的场合，中国人通常怎么做？请尽可能广泛地对中西方的行为、礼节差异进行比较。)
(丰玉芳，《建构主义学习设计六要素在英语教学中的应用》，《外语与外语教学》，2006，6)

教师通过录像所创设的情境提供了非常好的学习素材，录像直接展示了若干社交场合中恰当与不恰当的行为，直接与本节课的教学目标密切相关，因此我们称其为"目标性素材"，这类素材对达成教学目标起到了直接的启动和辅助作用。

再看一个美术教学案例。

教材第十三册美术欣赏是艺术大师毕加索20世纪30年代的名作《格尔尼卡》。此画是受西班牙共和国政府的委托，为1937年在巴黎举行的国际博览会西班牙馆而创作的。画中表现的是1937年纳粹德国空军疯狂轰炸西班牙小城格尔尼卡的暴行。毕加索对于这一野蛮行径表现出无比的愤慨，他仅用了几个星期便完成这幅巨作，作为对法西斯兽行的谴责和抗议。

理解作品的表现内容、了解作品的创作语言、认识作品的作用与地位是本课的基本教学目的。为了更好地帮助学生理解《格尔尼卡》的历史价值与艺术价值，不仅要有该作品的创作轨迹、细节描绘、表现手法的基本信息，还需要和传统写实性艺术作比较、有心理现象的常识作支撑，还要有毕加索艺术风格演变过程作钥匙。为此，在教学中我为学生提供了如下素材：

①选取曾获普利策奖的越战照片——《逃离美军燃烧弹袭击的孩子们》——中被美军燃烧弹烧伤的越南小女孩的介绍、非洲难民图片及背

景介绍,让学生感受战争的残暴和丑恶。这些是背景性素材,需很好地控制时间和讲述分寸,不可铺陈太重。

②与以典雅美为主的欧洲传统写实画进行对照,也可与戈雅以写实手法描绘战争的作品《1808年5月3日的枪杀》进行对比,使学生强烈感受到《格尔尼卡》表现手法的不同。这是一个突出重点、解决难点的环节,也要相对简洁,起到渐入重点的作用即可。

③补充毕加索早期写实作品、中期演变时期作品和立体派时期作品,使学生对立体派的形成与特征有一定感受和认识;结合学生基于画面所产生的恐怖、压抑、痛苦等体验,认识《格尔尼卡》表现手法的成功。补充人对痛苦、灾难等的心理反应常识,进一步说明人类情感的共通性和艺术表达情感手法的多样性,使教学的重难点问题得到合理充分的解决。这是一个需要重点讲解的环节。

④展示对毕加索艺术发展有较直接影响的非洲黑人艺术、原始艺术、东方艺术及塞尚等人的代表作,这是深入理解立体派产生的重要素材,一方面拓展学生知识面,为美术史知识的积淀打下基础,另一方面还使学生初步理解了艺术的相互影响,理解文化艺术在继承中的不断创新。

⑤以极少的时间呈现毕加索回答纳粹分子的话:"不,这是你们干的。"补充材料:被燃烧弹烧伤的越南小女孩潘金淑后来成为联合国教科文组织的亲善大使,为世界上被虐待、被强暴和挨饿的孩子奔走。她原谅了投下炸弹的飞行员,与那个飞行员一起为促进和平而工作。这些素材使教学思想得到升华,对学生认识艺术家的正义感和社会责任感有所助益。

(杨剑涛,《中学美术教学素材的创造性组织》,《教学与管理》,2007,10)

这个案例中教师为学生提供了非常丰富的组合素材,多而不杂、密而不乱,这些素材相对独立又紧密关联,每一个素材的选取都与特定的教学目标密切相关,为学生理解教学内容提供了强有力的支撑。教师只有对教学内容有了非常深刻的理解,才能呈现出如此有创意又有高度专业性的素材。

● 情境资源在教学中的应用

在卢梭的教育名著《爱弥儿》中有这样一段描述：有一次，教师为了教爱弥儿学会辨别方向，就把他带到大森林里，爱弥儿在大森林里迷失了方向，又饿又累，想回家但找不到路，这时教师通过中午树影朝北的常识引导爱弥儿找到回家的路。

苏霍姆林斯基经常带领孩子们到大自然中去，细心地观察、体验大自然的美，激发学生的学习兴趣，发展学生的想象力和审美能力，从而使学生在轻松愉快的气氛中学习知识。苏霍姆林斯基给孩子们编制了300页的《大自然的书》，每一页都呈现给孩子们生动鲜明的形象，极大地调动了他们的兴趣。

保加利亚心理学家洛扎诺夫创造的教学法，通过播放轻松愉快的音乐、表演生动有趣的短剧和做游戏等，在课堂教学过程中创设轻松愉快的情境，激发学生高度的学习兴趣和愿望，使学生的情感和理智、有意识和无意识活动共同发展，从而充分挖掘学生大脑的潜能，达到惊人的教学效果。

上述三个案例有一个共同的关键词——情境。教学中的情境指学生学习过程中所处的特定环境，如上述森林、大自然、教室，还有广场、博物馆、工厂等等。情境对学习有"平台"作用，藉由多样化的环境，教师提出学习要求、创造学习机会、提供学习素材，学生有机会在其中思考与实践。

情境资源为学生的学习提供支持，与素材资源相比，素材资源支持"点型"学习目标，情境资源支持"面型"学习目标。"点型"学习目标非常具体和明确，素材资源与该目标直接相关；"面型"学习目标比较宽泛，学生在情境资源中的收获是多侧面、多层次的，有些收获甚至是未曾预料的。此外，情境资源所支持的教学活动侧重于实践，教学空间得到极大的扩展，不再局限于教室之中，学生行动起来，接受实际的任务，面对真正的挑战，从而获得了真实的情感体验。

总之，好的教学情境最重要的价值是促进学生"做中学"以及"学以致用"，请参考第九章"动"中相关内容专门的分析，在此不再赘述。

3. 与学生一起"取舍进退"

仍以旅行为例，任何一次旅行都是独一无二、不可复制的，无论一个导游的经验多么丰富，旅行中也会发生无法预料的事情。因此，导游最重要的价值就是"在现场"，明智地针对各种情况进行决策——是进还是退，是取还是舍？

教学同样是这样，教师不能根据教学计划闭着眼睛拉着学生走，哪怕学生掉队了、疲劳了、厌倦了也不管。教师的引导作用恰恰体现在一边盯着教学目标，一边观察、照顾着学生，取道风景最美的路径、避开陷阱，还要根据学生的状态即时调整教学的目标，掌控教学的过程，使教与学的过程高效又有趣——教师要和学生一起"取舍进退"。

下面以我的一个语文教学的片段说明教学中"取舍进退"的含义及其价值。

在《新语文读本》一年级第二册有这样一首诗：

> 假如我是一朵雪花，
> 翩翩的在半空里潇洒，
> 我一定认清我的方向——
> 飞扬，飞扬，飞扬，——
> 这地面上有我的方向。

这一节诗选自徐志摩的《雪花的快乐》。这首诗共有四节，读本选了第一节。在徐志摩的诗中，爱情诗是他全部诗作中最有特色的部分。在《雪花的快乐》中，诗人把它作了升华，即把对爱情的追求与改变现实社会的理想联系在一起，包含着反封建伦理道德、要求个体解放的积极因素，热烈而清新，真挚而自然，真切地表达了诗人对一切美好事物的执著追求。一年级的学生是不可能理解这么深刻的主题和内涵的，那么，这节诗怎么教给学生呢？为此我在一个一年级的班里试了一下。

首先，我让学生根据拼音解决每个字的读音，在他们渐渐熟练之后，我带着他们读了几次，让他们体验这首诗的抑扬顿挫和由声调所表达的情绪及情感，又让他们反复独自地、自由地朗读这首诗，此时我已经能够感到学生抓住这首诗的律动了。一年级的学生能把这首诗读得朗朗上口，充分体验到了这首诗语言的纯美和语音的律动，形成了美的感受，有些学生可能还产生了某种莫名的情绪，我想这样已经很好了。

但我还想试一试，看看学生对于这节诗能否理解得更深入一些。我选取了动画片《小蜜蜂找妈妈》中的一段播放给学生看。此片段大概10分钟的时间，讲述的是一个蜜蜂国的王子寻找妈妈的旅程。小蜜蜂在旅途中遇到种种危险，终于克服艰难与妈妈相聚。这部动画片中有两句话十分动人："如果拥抱梦想，就会有希望！""我在旅行，我在寻找我妈妈。"学生们被这个动画片吸引了，看得非常投入。看完之后，我问学生，这个小蜜蜂像什么？学生大声地回答："像那朵雪花！"此时我没有再问学生问题，因为这个年龄的孩子有想法却可能无法通过语言表达出来。我对学生们说："是啊，像那朵雪花，即使可能消融也不害怕，即使历尽艰辛也不退缩。多么坚定、多么执著，没有迟疑、没有怀疑，朝着自己的大地飞去、飞去！"安静的课堂，孩子眼睛里闪着光，我知道他们听懂了。此时我说："同学们，再读一遍《雪花的快乐》。"学生们拿起书，再次读了一遍，声音没有之前读的时候大，但是感觉扎实、深沉了。

《新语文读本》的编者非常明智，非常恰当地选取了这首诗的第一节作为一年级小学生的读物，这本身就是对"取舍进退"精到的注解。

孔子《论语·述而》中说："不愤不启，不悱不发。"其含义是：学生如果不经过思考并有所体会，想说却说不出来时，就不要去开导他；如果学生没有经过冥思苦想而想不通时，就不要去启发他。《学记》中还有这样一段话："故君子之教，喻也；道而弗牵，强而弗抑，开而弗达。道而弗牵则和，强而弗抑则易，开而弗达则思。"意思是高明的教师善于引导：要引导学生，但决不牵着学生的鼻子；严格要求学生，但决不使学生感到压抑；在问题开头启发学生思考，决不把最终结果端给学生。

《小蜜蜂找妈妈》这个动画片，将一个深刻的主题置于小孩子喜闻乐见的形式之中，又契合了《雪花的快乐》这一节的思想内涵，二者共同作用，引起了学生的情感共鸣，使他们有可能感受、理解一个深刻的主题——朝向美好，不要迟疑，不要放弃生命中最宝贵的东西。

如果教师问一年级的学生，在你的生活中有什么是非常宝贵、你不能放弃的？学生受经验及表达能力所限，一定很难回答这个问题。此时利用动画片，非常有效和快速地调动了学生的经验，使其体验到小蜜蜂找妈妈和雪花毫不迟疑地飞向大地的情感是相通的。学生此时有强烈的情感共鸣，他们能感受到却说不出来，而我在后面说的那段话就体现了"不悱不发"，表达、抒发了学生的情感，使其对这一节诗的理解得以深入和升华。

《雪花的快乐》还有三节：

> 不去那冷寞的幽谷，
> 不去那凄凉的山麓，
> 也不上荒街去惆怅——
> 飞扬，飞扬，飞扬，——
> 你看，我有我的方向！
>
> 在半空里娟娟的飞舞，
> 认明了那清幽的住处，
> 等着她来花园里探望——
> 飞扬，飞扬，飞扬，——
> 啊，她身上有朱砂梅的清香！
>
> 那时我凭借我的身轻，
> 盈盈的，沾住了她的衣襟，
> 贴近她柔波似的心胸——

> 消溶，消溶，消溶——
> 溶入了她柔波似的心胸！

对于初中生，可以将全部的诗展现给他们，不过教师在把握这首诗的内容和形式时也要有"取舍进退"。

在内容上，对于其中有关爱情的成分如何处理？我的建议是淡化，将其作为世界上真、善、美的一部分，重点让学生理解诗人对美好的向往和执著，体会诗人穿越现实、保有内心的清白和高贵。不是因为爱情不能讲——爱情很美好——而是因为这个年龄的学生还没有爱情的体验，在此就需要"舍""退"。

对于这首诗的表达形式，可考虑让学生欣赏、分析这首诗美妙的语言和高超的表达技巧。诗人运用了借代的手法，雪花代替"我"出场，构建了美好而又深邃的意象。这雪花有灵魂、有灵性，他不惜为美而死！值得回味的是，他在追求美的过程丝毫不感痛苦、绝望，恰恰相反，他充分享受着选择的自由、热爱的快乐。"飞扬，飞扬，飞扬"，这是十分坚定、欢快和轻松自由的执著，表达了诗人自明和自觉的意志。

对于高中生，除了上述内容，可以结合其他篇目如朱自清的《绿》，触及其中对女性、对爱情的向往和赞美。同时，可以引导学生思考"生活中哪些美的、珍贵的事物值得我们追求？""对美的追求一定要付出代价吗？""为了追求这些美的事物付出代价值得吗？"这些问题有哲学思考的意味，教师不需要给学生一个答案，而是通过案例激发学生的思考，在学生想说又说不出或思维在十字路口时给予引导和启发。

这样的教学无论对小学生、初中生还是高中生，都体现了高层次的学科素养——文化渗透、人生感悟、情感共鸣和美的熏陶。这样的教学也体现了"相机而教"，在教学过程中，教师不是消极等待，而是主动提供有效的素材激发学生的情感体验，促进其思考的深入和成熟，使其达到"愤""悱"的状态，此时教师予以恰当的引导则水到渠成。

再举一个物理学科的例子，在高中物理教参上有这样两段话：在现代科学中，静与动、曲与直、变与不变、部分与整体等辩证关系，都需要用极限的思想去理解。根据编者的经验，学生学习极限时的困难不在于它的思想，而在于它的运算和严格的证明，而这些，在教科书中并不出现。实际上，教科书甚至从始至终都没有出现"极限"这个术语。对于这个思想方法，教材的宗旨是"渗透"。在匀变速直线运动的规律、变力做功、曲线运动等多处反复出现，让学生逐步熟悉和感悟。

有一种意见，认为大学将来会系统地学习这些内容，中学没必要学。我们的意见是，学习的内容按性质分一般有两类，一类是知识性的，一类是方法性和观念性的。对于前者，如果以后有机会学，没必要重复；而方法性的、观念性的东西，需要多次接触，才能逐步深入地领悟。人们缺少的知识可以在一生中的任何时刻补充，而方法性的东西，特别是观念性的东西的学习，在成长过程中时机的选择，是非常重要的。

这两段话表现出相当高的教学智慧。在学生对极限概念尚不能进行数学证明和推导时，先基于他们可以感性理解的极限概念，让他们反复体验极限的思想和观念，这同样也非常好地体现了"进退取舍"的理念。下面是一位物理教师对如何在物理教学中渗透极限概念的体会，恰恰照应了上面物理课标中的思想。

教材是这样介绍瞬时速度的："平均速度只能粗略地描述运动的快慢，为了使运动的描述精确些，可以把 Δt 取得小一些，运动快慢的差异也就小一些；Δt 越小，描述越精确；想象 Δt 非常小，可以认为此平均速度表示物体的瞬时速度。"学生对瞬时速度的概念是能理解的，但由于第一次碰到这样把近似值当成精确值的思想方法，抱有怀疑态度，认为这是一种近似、模糊的处理方法。为此我借助习题来加深学生对瞬时速度和极限思想的理解。

例题：一物体从静止出发，从某一高度向下竖直下落，它的位移大小与时间的函数关系为 $s=5t^2$ (m)

1) 求 $t_1=2s$ 到 $t_1=3s$ 这段时间的平均速度；

2）求 $t_1=2s$ 到 $t_1=2.1s$ 这段时间的平均速度；

3）求 $t_1=2s$ 到 $t_1=2.01s$ 这段时间的平均速度；

4）求 $t_1=2s$ 到 $t_1=2.001s$ 这段时间的平均速度；

解：由位移 s 与时间 t 的关系式 $s=5t^2$ 可以得到各段时间的平均速度。

1）$\bar{v}_1=s/t=5\times(3^2-2^2)/(3-2)=25m/s$

2）$\bar{v}_2=s/t=5\times(2.1^2-2^2)/(2.1-2)=20.5m/s$

3）$\bar{v}_3=s/t=5\times(2.01^2-2^2)/(2.01-2)=20.05m/s$

4）$\bar{v}_4=s/t=5\times(2.001^2-2^2)/(2.001-2)=20.005m/s$

从上面的计算发现，当时间间隔取得越来越短，物体平均速度愈来愈趋近于20m/s。实际上，20m/s就是物体在2s时刻的瞬时速度。可见，质点在某一时刻的瞬时速度，等于时间间隔趋于零时的平均速度值，用数学语言讲，瞬时速度是平均速度的极限值。通过这样的计算，学生对后面瞬时加速度、瞬时功率的问题的处理，也就很好地接受了。

（韩立飞，《怎样在高中物理教学中渗透极限思想》，《中学教学参考》，2011，9）

韩老师没有要求学生对速度的极限值进行严格的数学证明，而是用较简单的方法让学生"观察""体验"极限的存在。这非常符合课标研制者的想法：极限的思想方法要"渗透"，让学生逐步"熟悉"和"感悟"，对这种"观念性"的内容，要多次接触，逐步深入地领悟。

从上述案例可以看到，取舍进退不是简单地增加或降低难度，更不能将其理解为"学生学不会的东西就不讲"。取舍的核心是策略和效率，关键是迂回和变通，这个过程恰恰不是放弃，而是坚持！这在相当程度上体现了教师掌控教学的能力，而这种掌控的依据来自教学目标和学生状态的平衡，要求教师对学生的认知水平、兴趣、知识基础和生活经验相当敏感。这就好像导游带着游客出发，发现预计的道路不通，不是打道回府，而是选择另一条路，发现另一片风景。

综上所述，"引"使得教师的角色、教学姿态和师生关系发生变化，教师不再是知识的传授者，而是学习的引领者，他在乎学生的想法和感受，他激发学生的动力并与学生的步伐协调起来，他以学生的收获和成功来调整、评价自己的教学。教师和学生们一起携手"在路上"，他们有着共同的愿景，共同面对困难与挑战，共同分享学习的成功与收获。

7. 问——好问题驱动教学

有这样一个问题:"某种加工的最佳温度在 1000~2000℃ 之间。可以每隔一度做一个试验,做完一千个试验之后,一定可以找到最佳温度,但对一个工厂要做一千次试验,太多了。怎么办?怎么快速地找到最佳的加工温度点?"这个问题是大数学家华罗庚提出来的,他当时正致力于将数学用于生产一线以提高效率。(华罗庚,《数学模型选谈》,湖南教育出版社,1991)看到这样的问题,你是否感到很有趣呢?是否想探究一番并找到答案呢?如果将这样的问题作为一堂课的开头,将会多么成功地吸引学生的注意力并且引发学生的思考!

对于这个问题,如果有学生想到用"折半法"——先实验 1500℃,温度过高则在 1000℃~1500℃ 的中间选一个实验温度,温度过低则在 1500℃~2000℃ 的中间选一个实验温度,如此重复,直至找到最佳加工温度,这时老师就可以对学生说:"你们这个想法不错,确实要比一个一个试快多了。但是,还有一个比这个更好的方法,俗称 '0.618 法',就是找到 '黄金分割点',即在 0.618 而不是 0.5 的位置进行优选,效率会更高。"我想当老师说到这里的时候,学生们一定会感到有趣和好奇——这推翻了绝大多数人以为正确的想法。教师此时自然可提出下一个问题:"你们知道这里面的数学原理是什么吗?"

某种意义上,教与学就是"面对问题、解决问题的过程",这些问题可能是不被了解的现象,可能是前后认识的矛盾,也可能是需要挑战的困境。提出好问题对于教学来说具有双重意义：一，问题解决的过程是学生学有所获的过程，是教学目标实现的标志；二，问题本身是教学的线索，是牵引、驱动教学的重要力量。

1. 三类基本问题

（1）是什么、为什么和怎么办

"是什么""为什么"和"怎么办"是基本的三种类型的问题。

"是什么"是一类问题的代表，主要作用是对所学内容进行概括或解释。一般说来，不建议教师直接问"是什么"，如"什么是化合物"，这容易让学生死记硬背。教师可以换一个问法："化合物是纯净物吗？""沙子和水混在一起是化合物吗？"或"氧气是化合物吗？"这样的问题有助于学生超越单纯的记忆，在理解的基础上抓住所学概念的本质特征。

还有一类"是什么"的问题，并没有像理科概念一样有很明确的内涵和外延，而是需要学生进行概括和总结的。如在语文教学中，教师问学生："这段话或这篇文章主要讲了什么意思？""作者的观点是什么"或"这篇文章的观点和我们原来学过的某篇文章的观点有哪些异同？"学生在思考这些问题的过程中进行比较、概括、分析，不仅学到了知识，也训练了思维。

解决"为什么"的问题，核心是发现事物之间的关联或探求因果关系，这一点在后面"如何提出好问题"中有详细的论述，在此不再赘述。

"怎么办"的问题能够牵引出很多的知识点，尤其是在理科教学中。例如，学生学过矩形的面积计算方法后，教师提出问题"如何计算平行四边形的面积"。解决"怎么办"的问题有三个方面要重视，一是目标，二是条件，三是方法。目标对于解决问题很重要，有些学生不能有效解决问题的原因在于不明确解决问题的目标，这相当于不知道要干什么。条件是两方面的，一方面要分析已知的、可利用的条件，另一方面要分析还需要哪些条件，找到需要的条件往往是解决问题的关键。在明确目标和条件的基础上，解决问题需要构建相应的路径和方法，如从矩形到平行四边形面积的割补法。这些方法有可能是以前用过的，也有可能是新的方法。

总之，教师提出怎么办的问题是非常有价值的，正是在解决这些问题的过程中学生的知识增长了，这种增长不但体现在最终解决了问题，还体现在解决问题所经历的过程、所掌握的方法、所形成的思路，后者往往是更有价值的。

(2) 直问、反问和设问

直问——直接提问，问题与学习内容直接关联。如"为什么绝大部分植物的叶子都是绿色的？""为什么剧烈运动之后肌肉会觉得酸痛？""人和动物都需要消耗大量的氧气，这些氧气从哪儿来呢？"这些问题指向明确，作为一节课或某一个知识点的学习的开始比较合适。

反问——从反面提问，答案就在问题中。反问用疑问来表示肯定或否定，其中往往蕴含强烈的感情。如在公民教育中讲到"反歧视"的内容，可以问学生"一个人既没有伤害他人，也没有伤害社会，仅仅因为其行为方式与众不同或特立独行，就应该被歧视、被谩骂、被侮辱吗？"使用这样的问题比陈述句的优势在于，它是一个问题，能够激发学生的思考，同时也能够表达强烈的感情，调动学生的注意力，给学生留下深刻的印象。

设问——自问自答。教师可以将其变为"师问生答"，如"摆的周期和摆长有关吗？和摆球的质量有关吗？"设问的答案可以是比较明确的、学生已经学过的知识。教师通过提问的方式给学生创造了表达的机会，让学生回忆曾经学过的知识，加深学生对所学内容的印象。此外，教学中的设问还有一个价值就是为师生互动创设了平台，使教师能够了解学生的想法，把握学生的学习状态。

(3) 基于布鲁姆教育目标的提问分类

布鲁姆教育目标分类，将认知任务和相应的教学目标分为六种：记忆、理解、应用、分析、评价、创造。（这是 2001 年修订的内容，1956 年首次提出的六个层次的教育目标分别为：记忆、理解、应用、分析、综合、评价。作者注）教师可针对这六种任务提出问题，以促进教学目标的达成。

问题分类	思维技能	问题举例
记忆	识别、回忆、再认、提取	还记得上节课讲的有关单摆的特点吗？ 波茨坦公告的主要内容和意义是什么？
理解	解释、举例、分类、概要、推论、比较、说明	谁能用自己的话说说你对这部分内容的理解？ 关于"代偿机制"能举个例子吗？ 这个现象和我们以前学过的哪个内容是相似的？ 草原上如果鼹鼠没了将会发生什么？
应用	执行、实施、贯彻、使用	谁能用我们学过的"割补法"来计算这个图形的面积？ 在这种情况下"牛顿第二定律"适用吗？
分析	区分、辨别、组织、特征提取、解构、结构化	这种现象的本质特征是什么？ 为什么看起来类似的现象最后的结局却大不相同？ 为什么自行车在结冰的路上转弯易摔倒？
评价	核查、评价、判断	这是"民族主义"的观点吗？ 谁能谈谈对这个现象的评价？
创造	假设、设计、计划、创建	如何为电信部门设计一个针对不同人群的富有吸引力话费套餐？ 如何基于实地调研设计一个富有创造性的地区旅游广告？

(4) 全局问题和局部问题

从课程标准可以看到"不同级别的教学目标"，包括①学科总体目标：该学科在基础教育阶段要达到的总体目标，核心是总体学科思想和学科方法，这些目标是9年一贯的。②学段目标：小学、初中、高中是三个基本学段，每个学段有不同的教学目标，其中有量的增长，更有质的区别。③年级目标：每个年级有特定的教学目标，已经可以表达为具体的知识技能。④单元目标：一个单元的教学目标非常明确具体，各个单元之间又有着有机联系。

相对而言，学科总体目标和学段目标是全局目标，年级目标和单元目标是局部目标，二者的关系类似于爬一座高山——山顶是全局目标，攀爬的每一步是局部目标，要想到达山顶，需要一步一步的积累，而攀爬的每一步，又是朝着山顶的方向。这也像是下围棋，每落下的一个子，既要为了解决当前的问题，也要考虑长远的大局。

根据不同目标的"级别",提问分为全局问题和局部问题——与全局目标和局部目标相关的问题。教师的眼光要放长远些,落脚点可放在局部目标上,着眼点要放在全局目标上,因此,在一节课中的提问中,应设置指向局部目标和全局目标的问题组合。

例如,数学七年级人教社教材第一章的内容是"有理数",在实现本章教学目标的基础上,教师也要考虑一些全局问题:

◇ 有理数的起源是怎样的?

◇ 有理数在生活实践中的意义和作用是什么?

◇ 有理数的相关知识体现哪些数学思想?

◇ 本章知识与其他数学知识有哪些联系,在初中数学知识体系中处于什么位置?

◇ 有理数这个单元由哪些知识元素构成,它们之间的关系是什么?

◇ 学生是否已具备良好的基础学习这部分内容?

◇ 本书未涉及"无理数",要不要给学生介绍?

……

这些全局问题的提出和解决是贯穿整个教学的线索和牵引,是明确教学目标、保证教学品质、贯通学科知识的基础。回顾本书第一章(高)和第五章(通)的内容,全局问题其本质指向"高层次学科素养"和"高品质思维能力",同时也体现了通达关联的要求,全局问题的解决使教学能够超越片段的知识,有利于学生学科素养的提高。

如果说全局问题指出了教学的方向和目标,局部问题则明确了达到目标的路径和方法。例如,在"有理数"这一单元中,有负数的引入、负数的加减和乘除、有理数的乘方、绝对值等教学内容,学生对这些内容的学习必然是解决一系列问题的过程。如在"为什么要引入负数"这一问题之下,可以提出更小的局部问题:

◇ 在生活中有比 0 还小的数吗?

◇ 如何表示一个比 0 还小的数?

◇ 负数只能表示大小吗？
◇ 往东走了5米用5来表示的话，往西走5米如何表示？
◇ 如果往西走5米用-5表示的话，-5是否意味着比5小？
◇ 如果在这里正负表示方向的话，如何体现远近？
……

在这一系列局部问题的牵引下，学生得以理解负数的起源和功能、负数与生活实际的联系、为什么要引入绝对值等等。

2. 好问题的价值

有研究者对专家教师与新教师的课堂教学进行了比较，其中有一项是对提问的研究，结果表明二者在这个方面存在着显著的差异，下表是具体数据。

专家教师和新教师在提问和反馈策略上的差异比较

（表中数据为平均一节课该行为发生的次数）

变量	专家教师	新教师
过程性提问	5.91	1.29
结果性提问	17.42	6.25
学生回答正确教师表扬	4.26	0.32
正确答案后教师提出新问题	2.93	0.25
把正确答案融入到讨论之中	3.25	0.60
正确答案—无反馈	0.38	0.06
错误答案—教师提出新问题	0.41	0.07
错误答案—过程性反馈	0.28	0.09
其他学生的回答作为反馈	1.00	0.28

（杨翠蓉，《小学数学专家教师和新教师教学过程中的认知比较研究》，华东师范大学博士论文，2006）

研究结果提示，与新教师相比，专家教师不但在教学中提问更密集，而且质量也更高,在"正确答案后教师提出新问题""把正确答案融入到讨论之中""错误答案—教师提出新问题""其他学生的回答作为反馈"等方面优势明显,高质量的提问显然成为牵引教学的重要动力。在教学中提出好问题,其价值体现在以下四个方面:

(1) 调动学生的好奇心

好奇心是从动物到人类都具备的重要的心理过程,被好奇心驱动的学习行为最为高效,也最为愉悦。

在学习崔颢的名诗《黄鹤楼》前,教师可提出一个问题:"李白是绝顶的大诗人,狂放高傲,但他对崔颢的一首诗赞赏不已,曾道'眼前有景道不得,崔颢题诗在上头'。崔颢的哪首诗让李白如此折服?这首诗到底好在哪里?"这比教师直接讲《黄鹤楼》的价值和地位效果要好得多。再看一个数学教学的例子:

教师首先拿出一根绳子问学生:"这根绳子围成什么图形,面积最大?"

生:围成圆,面积最大!

师:可以计算出它的面积吗?

生:可以!

师:如果现在老师手上的绳子有无限长,那么它在平面内能围成多大的面积?

生:无穷大。

此时教师指出它可以围成有限的面积!学生们甚感惊奇,接着以极大的热情投入到无穷等比数列的求和学习中,并积极地研究实例"雪花曲线",最终得出无限长的线段可以围成有限的面积的结论。

(凌玲,《高中数学情境创设策略的研究与实践》,硕士学位论文,广西师范大学,2011)

好问题使得学生原有的认知平衡被打破,从而唤起学生寻求新的平衡的动力以及对新知识的渴求。

（2）激发学生的思考

学习有两种状态，一种是被动接受，另一种是主动获取，后者更为有效。主动获取知识的基本途径就是积极思考，对所学知识进行思维加工，经过思考获得的知识更容易达到深入理解的状态。

在北师大进修的一位老师在给我的作业中写了自己的一次听课经历：

Z 老师的课是讲小说《奴才、聪明人和傻子》，现在的中学生很难理解这篇小说，早自习时老师让学生大声朗读已学过的课文《记念刘和珍君》、《呐喊〔自序〕》、《灯下漫笔》。上课时老师首先引导学生讨论这样一个问题：《呐喊〔自序〕》中提到的铁屋子有毁坏的希望吗？学生对此认识不一，老师就引导学生回到文本《奴才、聪明人和傻子》中去寻找答案。为了解决这一中心问题，老师又设计了以下几个小问题：《奴才、聪明人和傻子》中的奴才和《灯下漫笔》中的奴才有什么不同？《奴才、聪明人和傻子》中的奴才是一种隐忍的态度吗？奴才总在诉的苦是什么样的苦？他为什么总是诉说？他的诉说和祥林嫂的诉说一样吗？奴才对人生的态度如何？傻子是鲁迅笔下惊醒的人吗？面对傻子的帮助，奴才的反应如何？

教师提出了一系列环环相扣、层层递进的问题，面对这些问题，学生需要主动地回忆、联想、对比、类推、概括、推理，教师的提问有效地激发了学生的思考，这样的学习状态对提高教学效率很重要。

（3）创设学习情境、澄清学习目的

我们走路的时候想要知道去哪里，我们拿到陌生的工具想要知道是干什么用的，我们游戏时想要知道输赢的结果是怎样的，这是人的本能——想要知道行事的目的。对于学习这样一件需要付出巨大时间和精力成本的事情，学生当然想要知道为什么要学习这个内容，以提问的形式澄清学习目的是好的方法。

例如，在学生具备了元素"半衰期"的知识后，数学教师可以提问："科学家能够根据某种元素的半衰期,测定几千年甚至几十万年前的古迹或化石的年代,这是如何计算出来的?"教师可提示学生:"我们已经学过的指数函数能解决这个问题,同学们想一想如何计算呢?"生物教学中,教师问学生:"为什么春天树叶长出来,到了秋天叶子又落掉呢?你们能从光合作用的角度进行解释吗?"化学教学中,如果学生们已经学习了"物质充分燃烧后形成二氧化碳"这个知识,教师可以提问:"同学们,在一个密闭的容器中,两根一高一低的蜡烛都在燃烧,哪一根先熄灭,为什么?"物理教学中,教师可以问学生:"在太空飞行器中的'失重'与一个人在月球上的重量大大减轻是一样的原理吗?"了解失重原理的基础上,教师提问:"如何在地面上制造失重现象以对航天员进行训练呢?"

教师提出的这些问题与学习目的形成了直接的关联,解决问题的过程成为达到学习目的的过程。这些问题创设了一个情境,这个情境中有一个清晰的、"看得见摸得着"的需要解决的问题,所学的知识与解决的问题形成直接关联,这使得学生学习的目的性更强。

(4) 成为师生互动和驱动教学的载体

提问是一种姿态。教师想要和学生交流,想听听学生怎么想、怎么说,这让学生知道,老师在乎他们的想法。因此,提问千万不能变成自言自语或自问自答,与学生进行互动是提问的一个重要目的,也是一个重要的价值。在第九章"动"中,有一部分专门论述"师生互动",其中有一个"苏格拉底方法"的例子,苏格拉底正是通过不断地提问与学生进行互动,使学生一步一步澄清自己的想法,这对于基于提问的师生互动是一个很好的参考。

基于提问的师生互动也是驱动教学的良机。学习前,教师可以通过提问了解学生的知识基础;学习中,教师可通过提问驱动学生学习;学习后,教师可通过提问检验学生对学习内容的掌握程度。因此,教师通过提问,了解了学生学习状态,进而可以实时、动态地调整教学进度和教学难度。

3. 如何提出好问题

(1) 针对学习目标直接提问

每节课都有特定的学习目标，新课的学习目标就是学生要解决的问题，因此教师可针对学习目标直接提出问题。这样的问题往往是回顾、复习已学的知识，之后，教师提出一个已有知识解决不了的问题，问学生怎么办？例如，在与学生一起复习了同分母的分数加减法之后，教师问学生"$\frac{1}{3}+\frac{1}{6}$该如何计算呢？"在学生解决了这个问题之后，教师提出进一步要解决的问题："$\frac{1}{3}+\frac{1}{5}$该如何计算呢？"

(2) 将问题置于现象之中

各种现象一旦进入我们的视野，就会成为思考的对象，这也是人类认知发展和知识积累的基本过程，上述"是什么""为什么"和"怎么办"等三类基本问题，就是大脑对各种现象进行不同类型的处理。教师的任务是有选择地、高质量地向学生呈现各种现象，激发学生的思考，这本质上是给学生提供思维的素材，让学生的思考聚焦于要解决的问题，是一种很好的教学策略。

在生物教学中，给学生呈现一个草原的景象，然后提出问题："为什么和往年天气、降水差不多的情况下，今年大面积的草干枯了？"学生在探究原因的过程中学习生态平衡的概念、生态失衡的主要原因和现象是什么，理解为什么以及如何保持生态平衡。

在语文教学中，学生学习《祝福》这篇文章，教师可以提问："祥林嫂为什么最终会悲惨地死去？"这个问题十分关键，是引领学生理解人物和整篇文章的核心线索，学生必然要从文本中搜寻线索并且进行推理。

在化学教学中，学习有关蛋白质的变性这部分内容时，可以问学生："食堂用紫外线消毒餐具，家里通过煮沸消毒，医生用酒精消毒，为什么紫外线、加热煮沸、酒精可以用来消毒呢？"

在品德与生活课上，教师给学生提供一个素材：2012年伦敦奥运会，英国跳水运动员评价中国运动员："他们每天就是训练，那是生活的全部。"教师提出问题："你对英国运动员的话如何评价？"

这些问题激发了学生的思考，是提问的好载体。与上述"针对学习目标直接提出问题"不同，从现象到问题需要一个必要的步骤——概括。也就是说现象能入每个人的"眼"，但不一定能入每个人的"心"，只有那些概括能力强、有一定知识基础的人才能从现象中概括出问题，否则就是熟视无睹。因此，基于现象的提问不仅有助于教学目标的实现，其本身也是一种重要的、需要提高的技能。

(3) 将问题置于故事和典故之中

故事中有冲突、有奇闻、有轶事，好的故事或精巧，或有趣，或让人深思。故事能够流传下来，其中往往蕴含着耐人寻味的道理，以故事为载体也是一种好的提问方式。

例如，语文教学中教师可引用下面这个故事作为提问的载体。白居易初次参加科举考试时，名声还不响，他把自己的诗送给诗人、画家、鉴赏家顾况。顾况看到"白居易"三字，便和他开玩笑说："长安城物价昂贵，在这儿住下很不容易。"等到批卷阅白居易的诗作时，不禁大为惊奇，拍案叫绝，马上改变语气，郑重地说："能写出如此（好）的诗句，居住在这里又有什么难的！我之前说的话只是开玩笑罢了。"

在这个故事之后，老师可以问："你们想知道白居易的哪首诗让顾况如此欣赏吗？"这个故事虽然很短，但其中包含了人物、情节、转折、高潮，生动有趣，是引发学生求知欲望的好载体。

再如，数学教师可引用下面这个故事作为提问的载体。

17世纪，法国贵族德·梅勒和他的一个朋友每人出30个金币的赌注，两人各自选取一个点数，谁选择的点数首先被掷出3次，谁就赢得全部的赌注。在游戏进行了一会儿后，德·梅勒选择的点数"5"出现了2次，而他的朋友选择的点数"3"只出现了一次。这时候，德·梅勒有急事必须离开，游戏不得不停止。他们该如何分配赌桌上的60个金币的赌注呢？德·梅勒的朋友认为，既然掷出他选择的点数的机会是德·梅勒的一半，那么他该拿到德·梅勒所得的一半，即他拿20个金币，德·梅勒拿40个金币。然而德·梅勒却认为：再掷一次骰子，对他来说最糟糕的事是他将失去他的优势，游戏是平局，每人都得到相等的30个金币，但如果掷出的是"5"，他就赢了，就可以拿走全部的60个金币。在下一次掷骰子之前，他实际上已经拥有了30个金币，他还有50%的机会赢得另外30个金币，所以，他应分得45个金币。

德·梅勒和他的朋友对赌资的计算方法观点不一致，为此而争论不休。于是，德·梅勒写信向当时法国最具声望的数学家帕斯卡请教这种情况下如何对赌资进行合理分配。帕斯卡和另一位数学家费马对如何分赌资的问题也颇有兴趣，他们两人在长期通信中研究并开创了概率论这一新的数学分支。

（凌玲，《高中数学情境创设策略的研究与实践》，硕士学位论文，广西师范大学，2011）

这个真实的故事拉近了学生和数学之间的距离，让学生体会到生活中处处有数学，要学会用数学的眼睛看世界。更重要的是，这个故事本身就是一个非常好的情境，是概率教学中可以直接引用的素材，可以与教学配合得非常巧妙。

典故可看作经典故事，是高度符号化的故事，如成语故事、寓言故事、历史故事、文化习俗、文学片段、传说、谚语等等。无论哪种形式的典故，其基本特征是经典，教师在教学中"引经据典"很有必要，因为经典中蕴含了高度浓缩的、富有教育意义的事实和道理。将问题置于典故中，不仅可促进学生主动学习，激发学生的学习兴趣，而且也会丰富学生对典故的积累和理解。

例如，在语文或思想品德的学习中，教师可基于"愚公移山"这个典故设计一个问题："从环境保护的角度来看，愚公是否应该移民而不是移山呢？"对于这个问题，学生一定会分为两派展开热烈的讨论。在总结学生讨论的基础上，教师可引导学生认识到，愚公移的这座山不是一座现实的山，而是我们个人生活和人类社会发展中遇到的困难和挑战，人生中总有一些困难需要面对，总有一些挑战不可回避，因此，愚公移山体现的是一种不屈不挠、愈挫愈勇、坚持不懈的精神。这篇文章是寓言，其内涵和写法都是为了说明一个深刻的道理，为了凸显这个道理，往往会淡化若干具体、现实的条件。正是将问题置于典故之中，才有效地激发了学生的积极思考，使他们深刻地理解了坚韧不拔的精神品质的内涵和价值。

典故之所以经典就是因为它有普适性，理科教学也可以将提问与典故联系起来。例如，"刻舟求剑"这个典故就可以用在物理教学中。这个典故是《吕氏春秋·察今》中的一则寓言，劝勉为政者要明白世事在变，若不知改革，就无法治国，后引申为不懂变通、墨守成规之意。物理教师可以问学生："这个刻舟求剑的人真不明智，可是，同学们想想，在船上刻印记，肯定找不到他的宝剑，却可以解决一个别的问题，同学们想想是什么？"一定会有学生想到，还有另一个典故"曹冲称象"，主人公也是在船上刻了一个印记，只不过刻这个印记是用来称一头大象的重量，其物理原理是"物体所受的浮力等于它所排开的水的体积"。这样的提问很有趣，将两个典故联系起来，整合在一个巧妙的问题之中。

(4) 将问题置于现实问题或事件之中

2012年伦敦奥运会，中国的一对女双羽毛球运动员因为不想在下一轮比赛中遇到强大的对手，有意失误，输给对手。国际羽协最终裁定二人"消极比赛"，取消了这对排名世界第一、有望拿金牌的选手后续比赛的资格。此事引发了中国网民的大争论。教师可以问学生："同学们，你们对这件事怎么看？国际羽联的处罚对吗？"学生对此一定会形成激烈的争论，可以想象一部分同学认为"规则并没有说比赛不能输，队员只是利用了规则，他们没错"；

另一部分同学认为"队员违背了奥林匹克精神，对体育精神和观众来说是伤害"。这个问题的价值并不在于得到一个正确的结论（实际上也没有所谓正确的结论），而是激发了学生的思考，并且让持某种观点的学生了解、分享他人不同的观点。

类似这样的问题还有很多，如，某人和朋友吃饭多点了两道菜，朋友批评他浪费，可这个人认为："我花的是自己的钱，别人管不着。"再如，春节放鞭炮是传统习俗，有些人认为不应禁止，有些人认为放鞭炮造成空气污染、人身伤害、噪声、浪费，是陈规陋习，应当禁止。对此教师都可以问学生："对这些问题你们怎么看？"

我们的身边总在不断发生新鲜事，总有各种各样的现实问题和事件，这些都是非常好的学习素材，而且与学生的关系亲切而又自然。教师需要提高敏感性，从生活中敏锐地发现、收集这些案例并使之成为提问的好载体。

（5）将问题置于学生的认知弱点和价值观的转变之中

人类的认知目标有两类：一是自然世界，二是自己（人类个体）和社会（人类群体）。第一类的认知成果体现在自然科学中，第二类的认知成果体现在社会科学中。

以自然科学来说，人类认知的发展是一个从蒙昧到开化、从粗略到精细、从现象到本质、从经验到理性的过程。人类对自然世界的认知越来越多、越来越深、越来越正确。心理学中有两个重要的概念——"思维重演"和"前科学概念"。与儿童的身体发育要遵循一定的过程和规律一样，思维重演指儿童的思维发展要"重演"人类思维从低级到高级的过程，这不以人的意志为转移，是不能回避和跨越的。由于思维重演，学生必然会表现出认知弱点，在学习中的集中表现就是"前科学概念"——非科学的概念和思维方式，这与人类早期对自然界的认知特点相似，不仅有错误的认知结果，还有错误的认知方式。如果教学的着眼点不仅是知识的获得，还有认知水平的提高，那么教师在教学中针对学生的认知弱点进行提问就非常必要了。

物理课上，教师在讲授"大气压"部分时，可用硬纸片盖住装满水的杯子并倒过来，此时水不会流出，纸片也不会掉下来。教师可以问学生："为什么会有这种现象？"这个问题基于学生的认知冲突，即无法解决感性经验与实际现象之间的矛盾，正是这种矛盾成为学习的驱动力，这个问题一定会引起学生们极大的好奇心和探究的欲望。此时教师即使不问"为什么"，学生的内心也自然会生成这样一个问题。

基于思维重演的前科学概念的"矫正"绝不是一蹴而就的，更不是教师将正确的知识教给学生就可以了。教师一定会发现，教学中有些内容学生掌握起来很困难，这是因为能教给他们正确的知识但不能立即弥补其认知弱点、提高其思维水平，学生思维发展过程中一定存在"以点带面""以偏概全""以感性经验代替理性思考"的现象，教师的提问正是抓住这些漏洞，促进学生的反思，从而使学生获得知识及思维的发展。因此，建议教师一方面要关注教育心理学的研究成果，把握学生的认知特点和认知水平，准确诊断其可能存在的认知弱点；另一方面，教师要多关注学科发展史，看到学科发展的脉络，看到人们曾经面临的挑战、犯过的错误、走过的弯路，这往往也是学生要经历的认知发展过程。教师的提问某种意义上是还原、再现这个过程，学生正是在这个过程中获得思维的发展和认知的完善。

对于人文学科，促进其发展的核心动力是价值观的演变，即人们对美丑、对错、善恶、真假的认识的变化与发展。读者可参考本书第二章有关"批判性思维"和第四章"价值观教育"的相关内容，有针对性地提出有价值的问题，促进学生价值观的确立和完善。

4. 提问的误区

从当前教学实践来看，提问存在的误区主要表现在以下几个方面：

（1）为了提问而提问，学生被当作道具

一位教师上《董存瑞舍身炸碉堡》一课，问学生："你们最崇拜谁？"学生纷纷举起了手，有的说崇拜球星罗纳尔多，有的说崇拜影星赵薇，有的说崇拜棋圣聂卫平……学生交流结束后，老师问学生："你们猜，我最崇拜谁？"话音刚落，学生们异口同声地说："老师崇拜董存瑞。"一听到这么整齐的回答，在多媒体教室坐着的近百名听课教师顿时爆发出一阵哄笑。

（余文森，《有效教学十讲》，华东师范大学出版社，2009）

这样的问题确实可笑，教师根本不在意学生回答什么，学生及其思考被当作道具，而且在后续的教学中根本也用不到。

如果换一种问法效果可能好得多，如："同学们，世界上什么最宝贵？"一定会有学生回答"生命最宝贵"。老师可引导："是啊，生命最宝贵，生命只有一次。可是，有的人却会在某个时刻放弃自己的生命，是什么能让一个人放弃生命呢？这又是一个什么样的人呢？"这些问题对于学生理解董存瑞舍生取义、理解战争的罪恶是有效的线索。

在教学中还有其他无意义的问题，如"同学们，你们喜欢这篇文章吗？""同学们，你们想不想感受一下泰山的雨？"绝大多数学生只能随声附和："喜欢""想"，即使学生们内心真正的想法并非如此，说出来又有什么用呢？反正老师是要讲这篇文章的。教师要警惕，如果你提出的问题只是让学生无奈地附和，这样的问题还不如不问。

提问是为了有效地促进教学的进程，因此教师要通过自己的思考和平时的经验对提问与教学的关联进行判断，从上述提问的价值和提问的载体寻找线索，提高提问的有效性。此外，如前所述，教师提问、学生回答的本质是互动，提问是师生互动的载体，体现了教师的一种态度。提问不能变成习惯性的例行公事，教师提问时一定要真诚，发自内心地从想要了解学生的想法出发，认真倾听学生的回答，并且与学生形成有效互动。

（2）不需思考，总结标准答案

"同学们，我们为什么要遵守法律？"这本来是一个值得思考的重要问题，但在现实的教学情境中这会变成一个"伪问题"，因为学生不需要思考，他们只要找到书上的标准答案即可，这样就失去了提问的一个重要价值——激发学生的思考。更糟糕的是，有时学生说出自己的独特的想法，很多教师要么忽视，要么想方设法地绕到预设答案上，甚至会表现出不屑和厌恶。长此以往，学生面对提问要么丧失主动思考，要么干脆充耳不闻。

那么，教师如何避免这一误区呢？本章前面的内容分别阐明了提问的价值和方法，可作为教师提问的参考，其中最重要的就是要创设情境，凸显问题与学生生活的关联，并且提高问题的趣味性，真正激发学生产生解决问题的动机。

（3）只有少数同学参与

从当前的课堂提问来看，教师要求个别学生回答问题的比例过高。单独回答问题的主要是三类学生，一是学习水平较高的学生，二是有较强表达欲望的学生，三是与教师关系亲密的学生。总是主动回答问题的局限于少数几个学生，长此以往大部分学生可能会选择放弃思考和回答问题。还有一种情况，个别学生很有热情，但答案离题太远或水平太低，消耗了宝贵的教学时间，致使教学效率降低，而教师如果不叫其回答问题又可能会挫伤其学习积极性。当然，个别学生回答问题可能存在上述误区，但这并不是说不能用这种提问方式，这在后面会进行分析。

教学是面向全体学生的，因此建议教师提出问题后鼓励全体学生思考、回答。此时会出现两种情况，一是学生默默思考，二是七嘴八舌，争相说出答案。如果学生沉默，可能是因为学生没有答案，或者不愿意公开表达（学生年龄越大此现象越明显，这与课堂文化有很大的关系），此时教师要注意观察学生的眼神和表情，给予进一步的启发。如果是第二种情况，教师要仔细倾听学生的答案，从中进行概括和总结，或者甄别出典型答案，对此进行进一步分析。

提问要面向全体学生，避免师生个别问答比例过高，但并不排斥学生单独回答问题。例如，学生练习时教师可以在学生间巡视，或者在让全体学生回答某个问题时，发现某个学生的回答很有特点或很典型，如与众不同的想法、有见地的回答或者是多数学生容易犯的错误，教师此时可与这个学生进行单独问答，或者对学生的回答进行追问。师生间这样互动的过程为教学提供了鲜活的学习素材，为学生的深入思考奠定了基础，而且将全体回答与个别回答有机地整合起来。

（4）学生不知所措或不为所动

如果学生面对问题不知所措或不为所动，这意味着教师的提问是无效的。造成学生面对提问不知所措的原因主要有三个：

一是不知所云。例如，小学语文课《鱼游到了纸上》，老师提问："俗话说得好，'鱼离不开水'，可今天呀，这活泼可爱的鱼却游离了水，游到了纸上。对此，你一定会有自己的看法吧？"这个问题不是直问，不是反问，也不是设问，而是一个让学生不知所措的问题。如果学生有自己的看法，回答一个字"有"，这样的回答有什么意义呢？还有，类似"告诉老师，你准备怎样把课文读正确、读流利？"这样的问题都让学生摸不着头脑，会迅速涣散学生的注意力。

二是问题链条太长。教师为了让学生解决与学习内容直接相关的 A 问题，先解决关系远一些的 B 问题，可这有时会让学生迷惑，待讲到 A 问题时，学生已经不知道为什么要解决这个问题了。为新知识奠定知识基础、回顾旧知识是必要的，但由于学生（尤其是小学生）认知能力的局限，无法处理过多或过于复杂的信息，因此教师在提出多个相关的提问时，一定要注意"点题"，要帮助学生将问题与学习目标关联起来，而且要强调多个问题之间的联系。

三是琐碎。有时教师会不敢直接讲出自己的见解，觉得这是在灌输，因此就不断地提问，以为这样就是启发学生了。比如，语文教学中多次出现某种类似的描写，教师想要学生理解这么写的原因和效果，可以直接问学生为什么多次出现类似描写，或者直接对此进行讲解，而教师却要提问："类似这样的描写有几次？在哪里？你能都找出来吗？"这样的问题很琐碎，会弱化提问的重点，淹没学习的主题。

学生对提问不为所动的原因主要有两个：一是提问与学生的认知结构不

匹配，学生听不懂；二是提问不符合学生的兴趣特点，学生不想听。这样的提问往往枯燥、呆板，不能引发学生的兴趣和思考的动力，即使问题的内核是有价值的，其有效性也会大打折扣。为了解决这一问题，教师可参考上述提问的策略，如将提问置于学生喜闻乐见的故事中，或将问题融入学生感兴趣的热点事件中。此外，可参考最后一章"趣"的内容，让提问更多地富有乐趣、兴趣乃至情趣。

要让提问符合学生的认知水平，教师可在两个方面进行改进，一是教师平时要多注意观察学生对提问的反应，体会、把握学生的认知水平，据此相应地调整提问的难度和表达方式。二是教师要看一些教育心理学有关儿童认知发展方面的书籍和材料，并将相关理论知识与教学实践结合起来，使提问能够更适合学生的认知水平。

8. 比——打比方、举例子、作比较

教学的一个重要任务就是要把内容给学生解释清楚,如何解释清楚呢?打比方、举例子、作比较是三种极为必要和重要的方法。

打比方是教学中利用两种不同事物之间的相似之处作比较,以突出事物的特点、增强说明的形象性和生动性的方法。

举例子是通过列举有代表性的、恰当的事例来说明事物特征的方法。在说明学习内容的特征或本质时,如果只从道理上讲,学生不太容易理解,这就需要举些既通俗易懂又有代表性的例子来加以说明。

作比较是将两种类别相同或不同的事物、现象等加以比较来说明事物特征的方法。在作比较的时候,可以是同类相比,也可以是异类相比;可以对事物进行"横比",也可以对事物进行"纵比"。

总的说来,这三种方法在教学中都起到了桥梁的作用,桥梁的两端分别是:陌生的——熟悉的;困难的——容易的;抽象的——具体的;枯燥的——有趣的。经过这样的桥梁,学习内容变得更加容易理解,新知识更容易"生长"在学生已有的认知结构上,并且学生的兴趣和学习积极性也更容易调动起来。下面是我的学生马宁在作业中描述的一个片段:

> 在中学阶段,我遇到的所有的历史老师都没有给我留下什么特别深刻的印象,他们一般都是照本宣科,死板得很。中央电视台科教频道的"百家讲坛"栏目,我有时间就会看看,收获不少。高二暑假的时候,袁腾飞老师在"百家讲坛"主讲了"两宋风云",内容十分有趣。

比如，讲到唐代科举考试中明经科和进士科的区别，袁老师是这样解释的：明经科就是填空，子曰什么而时习之，你填一个"学"字就完了。明经好考，所以考上之后也做不了大官。进士就特别不好考，诗词曲赋、时务策、国家大政方针，比如该不该办奥运，你得写一篇论文。

再比如，讲到清末的主昏臣奸，袁老师便以光绪皇帝每日吃鸡蛋却在鸡蛋价钱上被蒙骗为例：一个鸡蛋是3文到5文铜钱，结果内务府给皇帝报账说26两银子一个，26两银子是多少个铜钱呀？2000多个铜钱是一两银子，那26两你算算是多少？皇上一天要吃6个是多少？26乘以6再乘以2000，然后除以3或者5，你算算能买多少个鸡蛋？这鸡蛋打碎了皇上能在里面游泳！

在这个案例中，袁老师分别用了打比方（将考进士的试题类比为写一篇"要不要办奥运的论文"）、举例子（明经科和进士科的考试方式、清末主昏臣奸）和作比较（明经科和进士科进行比较），使得抽象、复杂的内容变得具体和简单，真正做到了深入浅出、令人印象深刻，这样的教学必然会吸引学生，并且优化了教学效果。

学生在学写作文时，教师都会教给他们各种写作方法，其中就包括打比方、举例子和作比较，并且告诫学生恰当应用这些方法才能使文章更容易理解，也更能吸引读者。教学有时也像是做文章，教师是作者，学生是读者，教师怎能不在乎这"文章"是否吸引学生呢？不幸的是，有些教师不会在教学中打比方、举例子和作比较，这是教学"照本宣科"和"死板"的一个重要原因。那么，教学中的打比方、举例子、作比较有哪些方法，需要注意些什么呢？

1. 打比方

在教学中"打比方"，可以说是教师必用的一种方法，为什么它如此重要、有什么样的价值呢？

一位地理老师讲解"气候"概念：

师：请一位同学自己描述一下自己的性格。

生：我的性格比较活泼开朗，属外向型的。

师：你的性格是不是一天一个样？

生：不，我一直都是这个样子的。

师：是啊！俗话说"江山易改，禀性难移"，人的性格真不是那么容易改变的。那你能跟同学们说说你今天的心情如何呢？

生：还不错吧，挺好！

师：那你是不是每天都能保持这样乐观的心情呢？

生：不一定，遇到不顺心的事情就没那么开心了。

师：好，你讲得很好。老师刚才在与你交谈时涉及两个词——"性格"与"心情"。现在请你归纳一下"性格"与"心情"到底有什么区别？

生：性格不容易发生变化，而心情则随时会发生变化。

师：天气好比是人的心情，不可能每一天都那么好，经常会发生变化，持续的时间是很短暂的；气候好比是人的性格，相对比较稳定，不轻易发生变化。

(吴明庆，《活用"打比方"提高地理课堂效率》，《现代阅读》，2012，5)

在这个案例中，教师将心情与天气相比，将气候与性格相比，一下子就让学生迅速并深刻地理解了天气与气候的含义及二者之间的关系——天气和心情一样是多变的，而气候和性格一样是稳定的。由于学生对心情、性格有切身感受，并且能将自己和同学的心情变化及性格特点作为真实的案例，因此以此为"桥梁"，有助于学生正确理解天气和气候之间的关系。

下面是数学课中运用"打比方"的案例：

充要条件是高中数学中的一个重要概念，并且是教学的一个难点。若在教学中设计如下四个电路图，视"开关A的闭合"为条件A，"灯泡B亮"为结论B，让学生观察这四个电路图中条件A与结论B的关系，就可以非常直观、贴切、形象地解释"充分不必要条件"、"必要不充分条件"、"充分必要条件"、"既不充分也不必要条件",使学生学习起来兴趣盎然,还能使学生领略到数学和其他学科的融会贯通。

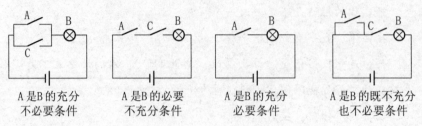

A是B的充分　　A是B的必要　　A是B的充分　　A是B的既不充分
不必要条件　　不充分条件　　必要条件　　　也不必要条件

(凌玲,《高中数学情境创设策略的研究与实践》,硕士学位论文,广西师范大学,2011)

在这个案例中,教师巧妙地将条件与结果的关系比作电路图中开关和灯泡的关系,借助直观形象的电路图,使学生不仅深刻地理解了充要条件的内涵,而且使数学知识与物理知识形成了关联。从心理学的角度来看,这样的打比方有效地促进了学生认知结构的生长,有效地利用、促进了知识的迁移。

教师在教学中运用"打比方"有哪些方面需要注意呢?

(1) 找到本质上的可比之处

王国维在《人间词话》中写道:"古今之成大事业、大学问者,必经过三种之境界:'昨夜西风凋碧树,独上高楼,望尽天涯路',此第一境也;衣带渐宽终不悔,为伊消得人憔悴',此第二境也;'众里寻他千百度,蓦然回首,那人却在灯火阑珊处',此第三境也。"

这个比方打得好!追求事业、做学问如何比作诗词中的相思之苦?正是因为二者在本质上有可比之处!古今成大事业、做大学问的人,必然要经历三个阶段:一,不断在某个领域内学习和积累,就像走在前人已经开辟的一条路上,不断前行,望尽天涯;二,在自己的积累和储备足够丰富的基础上,找到自己的追求和发展的方向,苦苦求索,坚持不懈,无怨无悔,苦中作乐;三,厚积薄发,苦尽甘来,绝处逢生,获得成功并收获巨大的惊喜。

中国的许多传统谚语都用到了打比方,如"蜂采百花酿甜蜜,人读群书明真理""同时赶两只兔,一只也捉不到""只要功夫深,铁杵磨成针"等等。这些比方能够起作用的原因在于:看起来不同领域、不相关的事物,由于其本质相似,因而成为打比方的素材。在理科教学中,教师也可利用这一特点打比方,下面是一位物理教师在讲解物理现象时所打的比方。

当一根条形磁铁插入一个闭合线圈,闭合线圈产生感应电动势和感应电流,同时感应电流激发新的磁场,该磁场总是阻碍原磁通量的增加,同时阻碍了磁铁的插入;反过来,将磁铁从闭合线圈中抽出时,反方向的感应电流与磁场将阻止磁铁的抽出,这就是楞次定律的内容。李商隐《无题》中的著名诗句"相见时难别亦难"与楞次定律所表达的现象多么相似啊!还有,"君不见黄河之水天上来,奔流到海不复回?君不见高堂明镜悲白发,朝如青丝暮成雪。"诗人哀叹韶华如流水,人生易老,这就如同热力学第二定律所描述的:任何与热现象有关的物理过程的自发进行是有方向的,并且是不可逆的。

(巩晓阳等,《诗词歌赋与物理学的和谐美》,《高等理科教育》,2008,5)

物理教师在课堂上讲"楞次定律"和"热力学第二定律"时,以古诗词的内容打比方,立即给冷冰冰的物理知识附上了感情的色彩,使得学生对物理知识的理解更加深化,而且更富有趣味和韵味了。可以想象,听这样的物理课,一定会觉得丰富细腻、回味无穷。

基于本质上有可比之处的打比方,将 A 事物的本质比作 B 事物的本质,如果 A 的本质是学生已经或能够理解的,那么通过打比方,学生将 B 与 A 的本质联系起来,从而理解了 B 事物的本质。这对于学生"透过现象看本质"、在学习过程中真正理解学习内容是非常关键的。

教师在打比方时要发挥想象力,这样才能找到比方两端的事物本质上相通的地方,而这要求教师对两方面的知识都很熟悉,尤其对所教授的知识有非常深刻的理解。因此,教师平时一方面要对自己所教学科领域的知识不断琢磨,从多个角度和侧面把握其本质特征;另一方面,教师也要扩展自己的知识面,丰富自己的学识积累,加强学科之间的通联,这样才能在打比方时做到贴切、丰富、生动。

(2) 与熟悉的事物联系在一起

在海边，有个孩子问我："叔叔，退潮的水跑到哪里去了，涨潮的水哪儿来的？"怎么跟他解释呢？若是解释"月亮的吸引力""潮汐"，孩子可能更加困惑。于是我给他打了个比方："你端着一盆水，左右稍微晃动的话，一边是不是少了，而另一边的水是不是多了？"孩子一下子就明白了，海水也像在一个大盆里，一边退潮的同时另一边就在涨潮。我想孩子能对他的问题有一个初步的了解，是因为我使用了他在日常生活中非常熟悉的事物，调动了他的生活经验。

> 生物教学中教师在讲解有关血液循环的知识时，把血液比喻成"火车"，把血管比喻成"铁轨"，把心脏比喻成"加油站"，把身体各器官比喻成"停车点"。火车无论到哪里都要走铁轨，离开了铁轨，火车就寸步难行，正如血液必须在血管中流淌一样。火车行进一段时间就要到加油站加油，火车无论到哪个站点，都要有上车或下车的：地点不同，上车或下车的自然不同。血液循环岂不也是如此，它有固定的路线，而又遍布全身，每到身体的一个器官要么送下物质，要么带上物质，在行进的过程中心脏就是推动血液前进的动力器官。这一切看起来尽管那么复杂，而同时又是那么井然有序。

（王传玲，《例谈比喻在初中生物教学中的作用》，《当代教育科学》，2007，11）

血液与火车、血管与铁轨、心脏与加油站、身体器官与停车点，这一组比方非常贴切，而且特别形象，打比方的对象都是学生非常熟悉的事物和现象，这切中了打比方的要义——在学生熟悉的和不熟悉的内容之间建立桥梁，帮助学生更好地记忆、理解学习内容。教师要想在打比方时获得学生熟悉的素材，就要走进学生的生活，走进学生的内心，与学生多接触、多交流，了解学生的所思所想和喜怒哀乐，了解他们关心的问题和现象。

(3) 降低学习内容的抽象程度

学生学习的大部分知识都是以文字、符号为载体的概念，所有的概念均具有抽象性，只是不同概念的抽象程度不同。某种意义上，学习的过程就是理解、操作各种概念的过程，打比方的一个极为重要的作用就是降低学习内容的抽象程度，从而对学生理解学习内容起到支持作用，这就好像烹饪时加入某种辅料使得食材更容易熟烂一样。

许多成年人戏称数学和物理是一生的"噩梦"，给他们造成了永远的"创伤"，一想起这两个学科就头疼，最重要的原因可能就是这两门学科非常抽象，而教师在教学时无法有效稀释所学内容的抽象程度，学生理解起来非常困难。下面是一个物理教学案例。

调制与解调是电磁波发射与接收中的两个概念。调制与解调的目的是将图像、声音进行远距离传送。为了传送图像和声音，需要先将其转化为低频电信号再进行发射。但是，图像、声音直接转化的电信号频率太低，在传送过程中能量损耗较大，要进行远距离传输时，就需要将低频电信号加到高频电磁波上共同发射，这一过程即为调制的过程。学生对这个概念感到既生疏又枯燥。我打了一个比方：一个人渡河，如果河比较窄，这个人可以不借助任何工具，自己直接游过去，但如果他要渡过的是一个大洋，游泳根本不可行，这时就需要乘坐轮船或飞机了。显然，人相当于低频电信号，轮船或飞机相当于高频电磁波，而调制的过程就相当于人登上轮船或飞机的过程。打了这个比方后，学生学习另一个概念"解调"也容易多了：解调指接收端将低频电信号从高频电磁波上取下来的过程，学生立刻想到解调的过程相当于人下轮船或飞机的过程。

(任晓芳，《浅谈打比方在物理教学中的运用》，《吕梁高等专科学校学报》，2010，6)

我想当你看到这位教师通过打比方以"渡洋"来解释"调制"和"解

调",一定会觉得这样的物理教学真好,抽象的概念通过打比方,确实更容易理解了。相反,有位教师在讲解共振条件时,用教育中教师为主导、学生为主体、二者协调一致方能取得最佳教学效果的道理,来比喻驱动力频率与固有频率的关系。这个比方打得不好,用一个抽象的事物来解释学习内容,这只会引起学生更大的困惑,而且让学生觉得无趣。

有些概念之所以抽象程度比较高,一个重要的原因就是"看不见、摸不着",远远超越学生的感性经验。因此,打比方时教师要注意营造"画面感",通过打比方,将一幅生动的画面呈现在学生面前,使抽象变得形象,枯燥变得有趣,遥远变得切近。

"原子能级量子化"的原理是原子中的电子只能按一定轨道绕核运转,因而原子的能量不能连续变化,只允许取一系列不连续的值,这是一切微观粒子的共有属性,在宏观世界中没有任何相应的"模型"说明它,而且这个概念非常抽象,远远超越学生的感性经验。我打了一个比方:人在上台阶时,人的势能只能是某一台阶处的势能,不能具有任意两级台阶间的任意能量值。

当声源与观测者相互接近或相互分离时,接收到的声波频率升高或降低的现象,称为声波的多普勒效应。对光波来说也有多普勒效应,并形象地称为光的紫移(频率升高)和红移(频率降低)。为什么波源在远离观测者时观测频率会降低?可以打一个比方,这就像一个旅行者在他的旅途中每隔一星期都准时给家里发一封信。当他离家而去时,每一封信的邮程都比上一封长,家中收到每两封信相隔的时间便会超过一个星期。相反当旅行者向家里走时,每封信的邮程都比上一封信短,家中收到每两封信的间隔便小于一个星期。

(吴晓鸿,《比喻在物理教学中的运用》,《现代阅读》,2012,9)

这位教师在讲解抽象物理概念时所打的比方,非常形象、生动,极为贴切,对促进学生的理解起到了十分关键的作用。我想学生听到这样的课甚至可能会觉得有些激动和感动——就像一个戏迷听到了心仪的"角儿"的完美演唱一样——实在诠释得太到位了！

（4）打比方要生动有趣

语言学家帕墨曾说过："人们听到一个东西老是直来直去的那么一种说法，就会感到厌倦，而那种需要听话的人去想象思考的比喻说法，则往往使人感到兴奋。"

爱因斯坦在谈到动能和势能的转化时说："举例来说，动能和势能加起来的全部能量，可以跟总数不变的钱相比，它们不断地按照固定的兑换率由一种货币兑换成另一种，例如由英镑兑换成美元，再由美元兑换成英镑。"在谈到质能关系时，他把不轻易释放能量的物质比作"守财奴"，只有原子核发生变化引起质量亏损，才能放出有实际应用价值的能量——这是多么有趣的比喻！

普朗克是现代量子力学的奠基人，他在晚年回忆他的中学物理老师是这样教能量守恒定律的——"一个泥水匠辛辛苦苦地把一块沉重的砖头扛到了屋顶上，他所做的功并没有消失，而是贮存起来了，或许多年后这块砖松动了，不幸落到了一个人的头上。"这是多么生动的教学啊！难怪普朗克到晚年还记忆犹新。

1986年8月在东京举行的国际物理教学研究会上，一位代表对"微观过程可逆而宏观过程不可逆"的现象作了一个比喻：一条黑狗生满了跳蚤，另一条黄狗是干净的，两条狗站在一起，跳蚤可以从黑狗身上跳到黄狗身上，也可以从黄狗身上跳到黑狗身上。跳蚤跳来跳去相当于微观过程是可逆的，但最后无论黄狗还是黑狗都不可能是干净的，即从宏观上看，跳蚤从黄狗身上完全跳回黑狗身上，使黄狗重新干净这一宏观的逆过程是不可能发生的。这一形象生动的比喻成为解释热力学第二定律的经典素材。

我在讲物质三态下分子的形态时，做了这样的比喻：固态时，分子就像城市中的居民那样，有固定的住所；液态时，分子就像草原上的牧民那样，住所随季节而迁移；气态时，分子就像金庸武侠小说中的侠客，云游于五湖四海。

在讲解"互感"和"自感"现象时,我曾给同学们讲了这样一个情景:"我们都看过演员表演的悲剧场面,当剧情达到高潮时,观众被演员感动得热泪盈眶,而演员也泪流满面、泣不成声。请同学们想一下,这种现象与我们本节所讲的现象有没有相似之处?"善于联想的学生很快答道:"演员与观众之间的情绪变化可看成'互感'现象,而演员又被自己所表演的剧情所感化,这可看成'自感'现象。"

学生初次接触到"加速度减小,速度却可能在增大"的辩证关系时,可形象地将此比喻成"人出生到成年,身高的增长越来越慢,但毕竟在增长",还可比喻成"在银行的存款,每天存款额逐渐减少,可存款总额却与日俱增",这两个比喻形象直观,通俗易懂,可使学生对加速度与速度的关系的理解豁然开朗。

(张玉成的博客,《妙"比"生花——物理教学中比喻的有机运用例说》,http://blog.sina.com.cn/s/blog_8512a7670100uf5x.html)

多么有趣的打比方!这样的课堂让人忍俊不禁,又让人掩卷沉思。这是教学较高的境界,就像食物不仅有营养,还让人觉得有趣,值得回味。魏刘韵在《人物志·材理》中说"善喻者——喻明数理",巧用比喻有助于讲清道理,对于教学来说更是这样!一个教师的高明之处不仅在于他有多么丰富的学识,更在于他能用多么高效、巧妙和有趣的方式呈现出来并传递给学生,而善用打比方是体现教师这一能力的重要标志。

2. 举例子

在教学中,举例子不是选择,而是必然,教师举的例子有多丰富、多形象、多有趣,在很大程度上决定了学生的学习兴趣和学习效果。

教学实践证明,如果教师善于灵活运用那些形象、生动、感染性强的事例,就能诱发学生浓厚的学习兴趣,减轻学习疲劳,提高学习效率。如讲"伴性遗传",简述历史上著名的血友病基因携带者——英国维多利亚女皇的故事；讲"基因的分离规律"，介绍达尔文、摩尔根婚事的教训；讲"生物与环境"，介绍世界上最著名的环境污染事件——悲惨的伦敦烟雾事件或称伦敦杀人的烟雾；讲昆虫外激素作用，介绍法国著名昆虫学家法布尔在风雨交加的夜晚证明昆虫外激素作用的实验过程等等。（李朝汉，《善于举例提高生物课堂教学质量》，《生物学杂志》，1995，2）

举例子要注意以下三个方面：

（1）找到合适的现象作为抽象概念、理论的例子

学生面对的大部分学习内容是人类在漫长的生活实践中总结的规律和理论，没有现象支撑的理论是灰色的、苍白的，举例子的本质就是将理论的现象基础展示给学生，还原现象被抽象的过程，这不但对学生理解所学知识很重要，而且对训练学生的学科思想和学科方法也很有价值。教师在教学中不会、不善举例子，也说明其对所教内容的理解不深不透。

一般说来，理科和文科的理论分别来自对自然现象和对内心体验的抽象与概括，因此，理科教学中举例子要让学生"眼见为实"，文科教学中举例子要让学生"感同身受"。

著名数学家华罗庚曾经说过"数离形时少直观，形离数时难入微"。这句话阐明了具体事物与抽象概念之间的辩证关系：缺乏方程表征的图形虽直观却无法给人以细微的、规律性的认识；而缺乏图形的支持，方程又显得抽象和晦涩。下面是一位数学教师在教学中数形结合的案例。

在研究三角函数 $y = A\sin(\omega x + \varphi)$ 的图像时，教师可以运用几何画板制作教学课件，通过由浅入深的实例向学生展示不同的参数 A、ω、φ 对函数图像的影响。

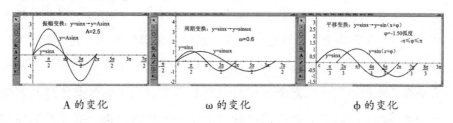

A 的变化　　　　　ω 的变化　　　　　φ 的变化

(凌玲，《高中数学情境创设策略的研究与实践》，硕士学位论文，广西师范大学，2011)

教师给学生呈现了有着内在联系的案例，直观而又形象地让学生体验三角函数 $y = A\sin(\omega x + \phi)$ 中各项参数对函数的影响：A 影响振幅，ω 影响周期，φ 影响初始位置（初相）。这就做到了华罗庚所讲的"数形结合"，通过举例子在抽象概念和具体形象之间做到了贯通。

生物教学中，讲到细胞膜的结构特性时，学生对其具有一定的流动性这个概念感到十分陌生、难以理解。教师可举例：科学家用荧光素标记鼠细胞使之产生绿色荧光，用四甲基碱性蕊香红标记人细胞使之产生红色荧光。然后使两种细胞融合，得到一个杂交细胞。初期杂交的细胞一半呈绿色，一半呈红色，在37℃保温40分钟后，两种颜色的荧光完全交织在一起，均匀分布。这个实验有力地证实了构成细胞膜的磷脂分子和蛋白质分子大都是可以运动的，而不是静止、固定不变的。

化学课上，讲解"分子的极性"时可做演示：两个滴管，其中一个吸入蒸馏水，另一个吸入四氯化碳溶液。一根塑棒在布上反复摩擦使其携带静电，尔后靠近两个从滴管中流出的液注，结果水柱发生了偏转，而四氯化碳溶液的流向没有变化，这说明水是有极性的。这样，学生对"极性分子"和"非极性分子"的印象就会非常深刻。

从上述数学、生物、化学教学中的举例来看，共同的特点就是将理论背后的自然现象还原、呈现给学生，在眼见为实的过程中，学生把握了概念的内涵，理解了概念的实质。

再看一个文科教学的案例。

语文教科书中有一段有关"东坡体"的解释："东坡体"是宋诗的一种风格范式，对宋诗能于唐诗之后别开生面起了关键性作用。其诗于情无所不畅，于景无所不取，各体兼备，风格多样。其基本风格有二：一是刚健中含婀娜的清丽雄健；二是豪放中加平淡的清旷闲逸。而最能体现其旷达品格的主导倾向，是其高风绝尘的诗风，即一种超越世俗尘虑羁绊的风神韵致和审美境界。

在这段话中，出现了大量的抽象概念，如"婀娜的清丽雄健""平淡的清旷闲逸""高风绝尘"……这些概念的内核都是个体的情感体验，但由于没有实际的例子做支撑，这个内核就空了。作为教师，决不能将一堆华丽却晦涩的概念丢给学生，此时，教师一定要举例子，说明这些概念的内涵到底是什么。

举例来说，借景抒情是中国古诗极为典型的写作手法，是古诗审美的关键切入点。总的说来，借景抒情有四种：①以哀景写乐（豪）情；②以乐景写哀情③以哀景写哀情和④以乐景写乐情。此知识点有较强的理论性，如果不辅以具体的例子，学生理解起来很困难，教师可针对这四种借景抒情的手法分别给学生呈现具体的例子：

杜甫的《江汉》："江汉思归客，乾坤一腐儒。片云天共远，永夜月同孤。落日心犹壮，秋风病欲苏。古来有老马，不必取长途。"

韦庄的《台城》："江雨霏霏江草齐，六朝如梦鸟空啼。无情最是台城柳，依旧烟笼十里堤。"

马致远的《天净沙·秋思》："枯藤老树昏鸦，小桥流水人家，古道西风瘦马。夕阳西下，断肠人在天涯。"

孟郊的《登科后》："昔日龌龊不足夸，今朝放荡思天涯。春风得意马蹄疾，一日看尽长安花。"

与古诗写作理论相匹配的例子，让学生对"哀景""乐景""哀情"及"乐情"产生了真实的情感体验，为学生理解这个知识点奠定了坚实的基础。

一位心理学教师在讲条件反射时，课本上的例子是"当说到梅时，人们会分泌唾液"，但他看到自己教的天津学生没什么反映，于是选用天津人经常吃的红果（山楂）作语言刺激信号，观察学生果真表现出吞咽口水的动作——这就是"感同身受"。

（2）发挥例子的示范功能

举例具有示范功能，即在教学中可以通过例子启发学生怎么办、如何做。

我给学生上《中小学教育研究方法》这门课。第一节课，我和50个学生初次见面，我对他们说："现在我要提问10个同学，你们分别说下是什么专业的。"我从教室的不同位置提问了10个学生，用画"正"字的方法做了统计，算出每个专业学生的比例，然后用50乘以这个比例。我跟学生说，我虽然没有提问每一个学生，但我现在估计每个专业分别有 x 人（用我刚才算出来的数）。最后验证的结果与实际情况相当接近。我说："同学们，我刚才做了一个调查，这就是一种研究的方法。"

我给学生举的这个例子，也是一个示范，有了这样的示例，抽象的研究方法"近在咫尺"，让学生真切地体会到研究某个问题需要方法，而实施某种研究方法的过程中又有若干因素在起作用，最终会影响研究的结果。再比如下面的案例：

《天外来客》一课，在引导学生交流完想象的外星人之后，我说："其实同学们还可以想象得更离奇古怪一些。"接着我就示范了我心目中外星人的形象，并且一边示范一边夸张地描述"他有皮包形状的脸、海母一样的嘴巴、眼睛与人类有些相似是在嘴巴的下面，还有彩虹一样的头发、蛤一般的身体、螃蟹一般的手，并且是从头部长出来的……"在我示范的过程中学生不断地发出笑声，惊叹外星人长得真奇怪。紧接着，我问学生："你还能联系我们生活中的哪些事物想象外星人的形象？"学生的思路一下子被打开了，有联系动物、植物、生活用品等来想象的，还有学生画出了全身长满眼睛的外星人。

教师提供范画，意在引导，不是提供"标准答案"和"结论"，而是启发学生举一反三、触类旁通。我觉得批评教师范画限制学生想象力和创造力是不正确的。机械地、模式化地范画可能会有这样的弊端，而满载教师想象力、创造性且富有启发性的范画能够激发学生的学习兴趣和创新精神。

英国幼教节目《天线宝宝》，其中有一个片段是孩子们在观看马戏团表演后画画的表演，老师给了孩子们一张大纸，让孩子们自由地在大纸上画。孩子们在画纸上东倒西歪到处画，而老师干什么呢？只是在旁边观看，并在结束时提出也要画上一笔。但这一笔真是点睛之笔，画面一下子变得有序了，孩子们都为这幅画欢呼起来，但这欢呼不是为老师的神来之笔，而是赞叹自己画的画是多么棒，我看了以后不禁感叹这位老师适时的无痕示范。

(季琴芬，《让示范为课堂添彩》，《教育艺术》，2009，1)

季老师的这个案例很好，她通过示范的方式给学生举例，启发学生的思考。季老师对"示范"的理解也很到位，强调示范的启发作用，而不是"规定"学生一定要怎么做。二者本质的区别在于，具有启发作用的示范不但不会限制学生的思维，而且有效地激发和扩展了学生的想象力。

(3) 举例时不但要有正例，也要有反例

物理老师讲解杠杆原理时，如果只举撬杠、扳手等例子，学生会误认为所有的杠杆都应该是省力的。因此有必要举一些不省力的例子（如天平），以及费力杠杆的例子（如火钳、医用剪刀），以利于学生形成正确的概念。再如化学老师讲到催化剂时，既要举催化剂加速化学反应的例子，也要举催化剂减缓化学反应的例子，从而使学生形成"催化剂是改变化学反应速度的物质"的正确概念。(张筱良，《教学举例浅说》，《河南教育》，2000，1)

正例和反例还有另一种表现，即"正确"与"错误"或"好"与"不好"的例子。如美术教师在点评作品时，可以同时点评画得好的与画得不好的例子。这实际上是在"作比较"，详见下一节的分析。

此外，教师举例要注意内涵和外延的平衡。内涵是指一个概念所概括的事物的特性或本质的总和，外延是指适用于概念内涵的所有个例。教师举的例子是某个概念的外延，为了让学生正确、全面理解概念，就要注意例子不能以偏概全，要全面和典型，比如以下的课例：

在讲拟态时，我举出许多诸如尺蠖、竹节虫、枯叶蝶、蜂兰、南美鲈鱼、某些螳螂的幼虫等外表形态类似自然界中生物和非生物的拟态现象。在如此"丰富"的例子基础上让学生归纳拟态概念时，学生只能总结"生物的外表形态与其他生物、非生物异常相似的状态叫拟态"，而丢掉了概念内涵的另一方面——生物的色泽斑与其他生物异常相似。原因是教师举例虽多，却不周全。我在教学中又同时举了果蝶的例子，它的翅上有两个大斑点，远看很像猫头鹰，"两眼"还炯炯有神。这样周全的举例，使学生归纳更全面、更完善。

（薛静尧，《在举例教学中教师应具备的意识》，《生物学通报》，1997，3）

3. 作比较

高—低，大—小，好—坏，忠厚—奸滑，清丽—艳俗，丰厚—贫瘠，善良—邪恶……学生所学的相当多的知识和概念都显示了两极性，以一个方面作为比较，就会对另一个方面形成更深刻的认识，这就是在教学中运用比较的价值。

以下是语文教育专家孙绍振教授在《解读语文》中一篇文章的片段：

在《济南的秋天》中，老舍称赞了秋天的"清"，秋天的"静"。"济南的秋天是诗境的。设若你的幻想中有个中古的老城，有睡着了的城楼，有狭窄的古石路，有宽厚的石城墙，环城流着，一道清溪，倒映着山影，岸上蹲着个红袍绿裤的小妞儿，你的幻想中要是这么个境界，那便是济南。"

而郁达夫，显然也是表现秋天的诗意的，他在开头这样说："秋天，无论在什么地方的秋天，总是好的；可是啊，北国的秋，却特别地来得清，来得静，来得悲凉。""在皇城人海之中，租人家一椽破屋来住着，早晨起来，泡一碗浓茶，向院子一坐，你也能看得到很高很高的碧绿的天色，听得到青天下训鸽的飞声。从槐树叶底，朝东细数着一丝一丝漏下来的日光，或在破壁腰中，静对着像喇叭似的牵牛花的蓝朵，自然而然地也能感觉到十分的秋意。说到了牵牛花，我以为以蓝色或白色者为佳，紫黑色次之，淡红色最下。最好，还要在牵牛花底，叫长着几根疏疏落落的尖细且长的秋草，使作陪衬。"

　　细心的读者可能感觉到，郁达夫对色彩的欣赏，和老舍很不相同。老舍在第一段已经亮出了红袍绿裤，写到济南的秋水："那份儿绿色"，"终年在那儿吻着水皮，做绿色的香梦。淘气的鸭子，用黄金的脚掌碰它们一两下。"同样写北方的文化大都市，老舍对于色彩的欣赏显然偏重于鲜艳。而郁达夫恰恰相反，是逃避鲜艳的，而且他还欣赏残败的生命，牵牛花的色调已经十分淡了，还要强调最好有疏疏落落的秋草作陪衬。枯草有什么美？有什么诗意呢？"租人家一椽破屋"，为什么要破屋？破屋才有沧桑感，因为这是古都，历史漫长，文化积淀不在表面上，是要慢慢体会的。郁达夫的个性在于，他觉得这种积淀，不一定在众所周知的名胜古迹中，或许只有在破旧的民居中才能体悟出来。

　　凡是属于生命的景象都有感悟生命的价值。生命的蓬勃，自然可以激起内心欢愉的体验，这是一种美的感受。直面生命衰败的感觉，沉思生命的周期，逗起悲凉之感，也是一种生命的感受。谁说悲凉就不美呢？当现代作家一窝蜂地挤在秋天的欢乐情境中的时候，郁达夫却着意表现秋天的悲凉美，难道不是一种审美情感的开拓吗？从审美教育来说，不是对心灵境界的一种丰富吗？

　　发现自己的感觉，深化自己的感觉，表达自己的感觉，把感觉独特地语词化，这就是郁达夫告诉我们的为文之道。《故都的秋》写到潜意识中的"落寞"，是为深邃的艺术的追求，把悲凉、落寞乃至死亡当作美来表现，令人想到"颓废"，是的，在"五四"作家中，郁达夫的颓废倾向还是有一点名气的。

　　郁达夫式的悲秋，固然有中国文人传统的血脉，但是，却也可以隐约感到一些区别。中国文人从宋玉开始就定了调子："悲哉，秋之为气也，萧瑟兮，草木摇落而变衰。"从杜甫的《秋兴》"听猿实下三声泪"到马致远的《天净沙》"断肠人在天涯"，乃至《红楼梦》"已觉秋窗秋不尽,那堪秋雨助凄凉",都是把秋愁当作一种人生的悲苦来抒写的。在郁达夫的《故都的秋》中,传统的悲秋主题有了一点小小的变化,那就是秋天的悲凉、秋天带来的死亡本身就是美好的,诗人沉浸在其中,并没有什么悲苦,而是一种人生的享受——感受秋的衰败和死亡,是人生的一种高雅境界。这就不但颓废,而且有点唯美。

　　日本传统美学中有个非常重要的概念:物哀。对此《日本国语大辞典》这样解释:事物引发的内心感动,大多与"雅美"、"有趣"等理性化的、有华彩的情趣不同,是一种低沉悲愁的情感、情绪。把外在的"物"和感情之本的"哀"相契合而生成的协调的情趣,有自然人生百态触发、引生的关于优美、纤细、哀愁的理念。川端康成在1952年写成的《不灭的美》中说"平安朝的物哀成为日本美的源流""物哀这个词同美是相通的"。

　　这个案例比较长,我几次试图压缩均感到十分困难,因为孙教授在这个片段中运用比较的方法对《故都的秋》进行解读,实在是贴切、深刻而又丰富,对于读者理解《故都的秋》起到了极为重要的作用。孙教授将《故都的秋》与老舍的《济南的秋天》进行比较,与中国古典的悲秋进行比较,与日本的物哀文化进行比较,正是在多重、多向的比较过程中,《故都的秋》被深入诠释,其特点完全凸显出来。可以想象,如果一个语文教师能在课堂上引用如此丰富而深刻的素材,在充分的比较中进行教学,这将多么迷人,学生将有多大的收获!

　　在以下美术教学的案例中,教师也运用了比较法,与上述比较不同的是,这是一种"正误"或"高低"的比较,直观、多角度地传达了教学理念。

　　美术教学中运用作品比较的方法,是一种很方便实用的教学方法,让学生直观地、多角度地对不同的作品进行比较分析,使深奥的理论形象化,便于学生认识掌握相关的理论知识,并能产生深刻印象,从而提高学生的审美能力和艺术素养。

　　如上"绘画构图知识课"时,教师仅展示出几种正确的构图范画还不够，还必须展示出有错误的几种构图，两种构图范画相互比较，使学生通过对比，对构图中的正确与错误认识明确，过目不忘。如比例对不对，结构准不准，色调是否统一和谐等，很快就能一目了然，学生对成败是非的欣然翻悟在分秒之间。此外，像黑白的节奏、色调的关系，教师就可以用范画的形式，多幅相比，然后汰劣择优，直到剩下最完美的一幅。

在《会变的线条》一课中，我出示两张范画，一张注意了线条疏密、粗细、方向的变化，另一张线条层次不清，比较紊乱。通过比较，学生对范画中线条的不同运用有了明确的认识。再如在《纸带穿编》一课教学中，我先让学生上台尝试示范，由学生自己探究解决问题，通过两次的穿编比较，自我总结规律。让学生在"做中学""学中做"，通过自己实践体验获得的直接经验要比从课本、从老师、家长那里得到的间接经验更易理解，印象更为深刻。通过比较，一方面向学生揭示了一些容易走的弯路和常犯的错误，让学生在示范中"防患于未然"；另一方面，在比较中使学生对于"优"与"劣"有一个比较肯定的、明确的鉴别，为学生从"知其然"飞跃到"知其所以然"提供了有力的支持。

（季琴芬，《让示范为课堂添彩》，《教育艺术》，2009，1）

对于季老师的这个教学案例，我无须再进行分析和评论，案例本身就清晰地表明了教师通过多重、多向的比较，能够多么有效地优化教学效果。

综上所述，打比方、举例子、作比较是教师的三项基本功，对于优化教学效果、提升学生学习兴趣很有价值。我认为，教师在教学中要做好这三件事，学习、实践当然重要，但是更重要的是教师要积累素材。前述许多生动、贴切、丰富的案例，体现的是教师丰厚广博的知识、鲜活细腻的经验积累和深刻独到的视角。因此，教师一定要多积累、多琢磨，不但从书本上，也从生活实践中不断积累丰富的、高质量的教学素材，为打比方、举例子和作比较奠定基础、创造条件。

9. 动——让学生动起来

审美大师朱光潜指出："人生来好动，好发展，好创造。能动，能发展，能创造，便是顺从自然，便能享受快乐，不动，不发展，不创造，便是摧残生机，便不免感觉烦恼。"

瑞士心理学学家皮亚杰认为，"个体的发展实际上就是练习、经验、对环境的作用等意义上的大量活动的产物"。

美国教育家杜威认为，"'从做中学'是教育的基本原则，教学过程应该就是'做'的过程。儿童生来就有一种要做事和要工作的愿望，对活动具有强烈的兴趣，对此要给予特别的重视。'从做中学'也就是'从活动中学''从经验中学'，它使得学校里知识的获得与生活过程中的活动联系了起来"。

这三位大师对教育教学有一个共同的期许——让学生"动起来"！

我的学生钟馨愉在作业中记述了她难忘的一节初中英语课。

给我印象最深、让我受益最多的一堂课，是初中的一节英语课，让我第一次体会到学习英语的乐趣。

还记得当时在学习有关圣诞节的一课，由于对课本中涉及的文化知识不熟悉，再加上学生大多不喜欢背单词，如果老师按照传统的方式讲课，大家肯定提不起兴趣。意外和新鲜的是，在那堂课前老师布置了一个任务——每个人要在课下收集一个有关圣诞节的小故事，下节课在课上分享。这对刚刚进入初中的孩子来说无疑是个新鲜的挑战，抱着一定要找出一个最精彩、最不同寻常的故事的心情，我在新华书店仔仔细细翻遍了有关圣诞节的书籍，就连妈妈也纳闷老师有什么灵丹妙药能让我这种一见英语就头疼的人开始"钻研"起英语来。

课上，老师带着大家围成一个大圈坐，并鼓励我们向全班同学讲述自己找到的圣诞小故事。不同于平日的课堂，这次大部分同学都踊跃回答，甚至一些内向的同学也在轻松欢快的气氛中积极参与进来。通过丰富多彩的圣诞故事和老师的点评，我们对圣诞文化有了很多了解。

这堂课最精彩的部分是讲故事之后的"背单词"环节。老师将班级中50多名学生分成两组，并发给每组同学一些写着英文字母、和生日帽子很像的"字母帽"，带上帽子，我们就成了可爱的"字母小人"。老师先在黑板上写下一个有关圣诞节的英文单词，例如Christmas，并给每组同学两分钟的背诵时间，时间一到老师就立刻擦掉单词，让每组字母按照单词正确的字母顺序站成一队。同时，老师还细心地考虑到了所给单词中字母出现的频率，保证每个人都能在拼单词中发挥作用。就这样，sledge, present, chimney……同学们努力记住老师给出的每一个单词。通过亲身体验组成单词，对单词的记忆明显得到加强；记错了字母，通过同组其他人的纠正，会把这个单词记得更加牢固。有些调皮的同学还在队伍中扭动身体摆出字母的造型，逗得大家捧腹大笑。就这样，一堂枯燥乏味的单词课被老师变魔术一样变得妙趣横生。

这就是动起来的课堂，动起来的学生！

学生主动收集圣诞小故事并且和同学们分享，在单词记忆环节，学生和字母、单词一起行动变换，这优化了教学效果，提升了学生的学习兴趣。

学生动起来需要一定的环境和条件，教师可以从下面三个方面着手，创设一个让学生动起来的课堂。

1. 案例教学

1870年，美国哈佛大学法学院院长蓝德尔首次提出案例教学法，现在案例教学法在教育教学中得到极为广泛的应用。案例教学又称个案教学，是指教师通过呈现一个具体、真实的素材，引导学生对此进行分析，帮助学生从中获取知识、发现原理、掌握方法、提高能力。

医学上将案例称之为"病例"，指医疗工作者对诊疗过的病例的真实记录；军事上将案例称之为"战例"，指曾经发生的可以用作参考的战争、战役或战斗实例；法律上将案例称之为"判例"，指一个实际的法律事件，用来说明某一理论原则，证明某一法律观点或反映司法实践中的各类问题等。案例教学的价值在于它提供了一个真实的情境，学习和实践被整合在一起，学生有机会行动起来并且"做中学"，这既是获得知识的过程，也是各种思维包括理解、比较、分析、综合、评价、反思、创造等被充分激发的过程。

下面是澳大利亚高中地理教材"全球相互作用"（Global Interactions：A Senior Geography）单元关于"贫穷国家的共同特征"的案例教学。

一个贫穷乡村中潘恩家的一天生活

4:30 第一、第二和第三声公鸡的啼叫回荡在 Kandal 省 Kien Svsy 区域平坦肥沃的土地上时，努蓉和她的丈夫潘恩起床了。他们将菜园中的蔬菜收割下来，扎成捆后背在肩上，走上了沿着流向东京湾的湄公河边上的乡间小路。这时好像整个国家的人都在路上。工人们骑着自行车花两个小时去首都金边工作；自行车夫的前轮行李架上载着他们的顾客；摩托车拉着拖车，上面载满着携带农产品去集市的人们。努蓉搭乘其中的一辆拖车，潘恩将园中收获的蔬菜堆在她身边。

潘恩牵着他的公牛去田边草地吃草，同时给他的菜地浇水，而他的大女儿照顾比较小的孩子。从1979年起，他与10到15个其他的家庭合作种植水稻，向国家缴纳约百分之七的税款之后，其余收成大家平分。

政府鼓励农民种更多的粮食并卖掉他们的余粮，但是潘恩和许多其他农民一样对此不感兴趣。国家在农业上仅能勉强维持自足，而今年气候又是特别的干旱，他知道在收割之前，很难使他的家庭维持温饱。而且，国家以非常低的价格收购粮食，并用生活消费品购物券代替现金发给他们，而那些用购物券所购的商品也不是必需品。

6:20 村庄砖瓦厂的铃响了，紧接着国家的新闻广播从工厂的喇叭中传出，八岁的二女儿清塔前往学校。在潘恩房屋边的竹林中，织布机咔哒咔哒的声音紧随其后也响了起来。努蓉的姊妹们已经在工作了，她们编织一种机织的棉布——头巾，头巾通常制成红色或白色的，它们被柬埔寨人差不多用在每件事物上。直到最近，进行编织的家庭每年卖头巾可以赚得18元，而现在每个家庭差不多都在编织头巾挣钱，头巾的价格下降了。

8:45 努蓉已经从市集回来，她很快地洗干净一条鱼，这时她的丈夫在为早餐劈柴生火。她在集市上还奢侈地买了一片西瓜，两个最小的孩子围着她笑。大女儿清杉盯着水果耐心地等候着。早餐时潘恩从田里回来，默默地坐在织机旁，用旧的学校笔记本的纸卷烟。努蓉用尽可能少的木柴煮饭，因为木柴已经很少了。

9:30 潘恩和他的妻子回田里工作去了。13岁的大女儿像一个母亲一样把小弟弟背在肩上。她看上去比她的实际年龄要大。

……

12:30 房屋影子的长度告诉努蓉，现在该是她的大女儿去午间学校的时间。清杉很快穿上对她来说过小的学校制服，一把抓过母亲递给她的用来吃午餐的几个硬币，骑上脚踏车去三公里之远的学校。

潘恩与他们的邻居一起尽他们所能为学校教育做点事情。重建村庄学校后，他们为自己的孩子买钢笔和笔记本，但是他们不指望能担负进一步的教育，除非对于他们的儿子。尽管国家大力推动教育，但仍有50%的儿童读完小学后就辍学了，特别是女孩，她们的教育不被重视，她们要在家照顾弟妹，有织布的活要干。

12:50 工厂的铃声告诉每个人在午餐之后该回去工作了。

14:30 潘恩去把公牛牵到阴凉处。努蓉放下她的纺织活，叫回放学了的清杉，把醒来的莱恩给她，努蓉裹上头巾，到田里照看明天要到市集上卖的蔬菜。

16:00 当她的丈夫今天最后一次给菜园浇水的时候，努蓉回到屋子，取了另一块干净的头巾，带清菜和菜恩去井边洗澡。努蓉往孩子们的头上浇了一桶水，用手擦去孩子们身上的灰尘。由于没有肥皂，孩子常常因此而得皮疹。

18:30 潘恩把公牛牵了进来，拴在果树下过夜。他坐在织机前，努蓉在准备晚餐的饭、鱼、卷心菜和青芒果。猫在织机的一角，狗在下面，家里的一小片碎食都不会被浪费掉。

21:30 当开始宵禁的时候，孩子们都已经睡着了。宵禁告诉男人和女人们该回家了。它每夜提醒人们，国家相对的、新建的和平仍是非常脆弱的。

阅读案例，完成下列各项作业：

1. 列出潘恩一家和你的家庭在生活方式上的不同之处。
2. 思考澳大利亚的农业生产模式。运用所给的案例，概括说明柬埔寨和澳大利亚在农业生产上有何明显不同。
3. 你认为潘恩一家日常生活中哪些方面是积极的？
4. 从案例研究和所给的数据中，你能列出柬埔寨被视为"不发达"的特征吗？
5. 运用柬埔寨的人口统计数据，构建一个人口金字塔。
6. 检验人口金字塔，说明柬埔寨人口金字塔和当今人口增长率之间的关系。
7. 解释柬埔寨的发展水平是如何影响潘恩一家生活质量的。
8. 做一些柬埔寨历史的研究。你认为哪些历史因素可能造成现在的问题？

(褚丽娟，《中学生地理方法和地理观点培养的案例教学设计研究》，硕士学位论文，东北师范大学，2006)

本案例完整、真实、富有情感，权威、严肃的学术化语言不见了，潘恩家的生活活生生地呈现出来，就像一幅画，让学生真实地体验到柬埔寨的生产和生活方式。教学案例所附上的八个活动设计所体现的教学目标非常有价值，涵盖了观察、比较、概括、动手、分析和应用等方面能力的培养。

在本案例叙述中，我们并没有找到像"柬埔寨交通不便、教育落后、人畜饮食困难"等结论性的内容，我们不仅看到了潘恩一家生动、鲜活的生活记录，而且似乎和潘恩的家庭一样经历了这一切。贫穷国家的诸多特征蕴含在其中，因此本案例又具有典型性。这则案例并没有囿于地理学科的范围，而是与政治、经济、文化结合，比如要求学生作一些历史研究，找出现在的问题的历史根源。可以说，这样的教材呈现给学生的只是一个"引子"，让学生通过这个"引子"去主动思考，积极探索。

我们可以看到，这样的案例教学对学生来说多么有价值，最珍贵的地方在于这样的教学体现了对学生的尊重和高期望。学生不是一个空空的容器等着教师把知识倒进去，学生可以也应该用更有价值、更有尊严的方式学习：面对真实的问题，接受真正的任务，他们可以焕发想象力，表现出创造性。这样的教学也使得学生把当前的学习与他们未来的人生联系起来，真正实现了让学生在"做中学"，学生主动获取知识并将这些知识整合起来，在这个过程中获得的能力与思想方法完全能够迁移到他们未来的人生中。

因此，案例教学不是一种"可选"的方法，而应是教学的基本模式和必然选择。上述案例是一个大而完整的案例，它要达成的教学目标相当复杂和丰厚。日常教学中，教师可根据教学目标、教学时间，灵活设计、应用小一些的案例，需要注意的是，要把握住案例教学的核心——将学习置于真实的情境和真正的问题中。

案例教学不是将案例简单放在教学中就可以了。一位教师在讲授苏轼的《念奴娇·赤壁怀古》时，先是播放了电视剧《三国演义》的片头画面，接着播放了该词的配乐朗诵，正当听课的师生们拭目以待时，之后的教学却变成了传统的讲授课。这样的案例与教学"油水分离"，算不上案例教学。高水平案例教学的实施受到三个方面因素的制约：

（1）教师对教学目标的理解

案例是为实现教学目标服务的，教师只有对教学目标和相应的教学内容有深刻的理解，所选用的案例才可能是有效的。上述的地理教学，案例后面的八个问题非常精到，极好地体现了教师对教学目标的理解，也充分利用了案例的信息。

（2）案例的质量

丰富、恰当的案例无疑是案例教学的关键。优质案例具有如下特征：①案例与教学目标紧密关联，案例素材能够满足实现教学目标的要求，典型、精炼，避免与教学目标无关内容的干扰。②案例契合学生的认知水平，具有一定的挑战性，同时又不会过于复杂或艰深。③案例真实自然，符合学生的兴趣特点，能够调动学生的学习积极性。

得到好案例不是一件容易的事情，需要经过大浪淘沙。虽然获得教学案例的途径是很多的，如专门的参考材料、书籍、网络、影视、日常生活和工作轶事等等，但好案例仍是"可遇而不可求"的，这就要求教师要做有心人，注意平时点滴的积累，要对教学内容足够敏感，时刻处于"预备"状态，一旦遇到好案例能够立即追踪和积累。此外，各学校每个学科都有教研组，可以发挥教师群体的力量，大家集思广益、互通有无，使案例的积累和使用更丰富、更高效。

（3）教师对教学过程的把握

案例教学是一种独特的类型，有其自身的特点和规律。教师实施案例教学要处理好多个方面之间的关系，包括教师指导与学生自学，预定目标与生成目标，案例呈现的方式、深度与广度，多个教学目标之间的取舍，单独学习与同伴合作，学习结果呈现方式等等。掌握案例教学的规律需要一个过程，教师可参考专门的案例教学的材料，并且在教学过程中有意识地进行实验和总结。

2. 任务驱动

我的学生孙凯莉在作业中描述了给她留下深刻印象的一位大学老师。

> 张老师在大二时给我们上历史文献学课。历史文献学，听这名称便让人觉得应该是一帮老学究戴着眼镜在灯下翻着发黄的古书而研究的学问，怎么能让我们这帮孩子耐得住性子、沉得下心去学习呢？然而事实上，我们不仅学进去了，而且还很喜欢。
>
> 张老师布置的作业别具一格，他的一项平时练习是让我们亲自去查阅《千顷堂数目》、《折狱龟鉴》等书分别在《四库全书》和图书馆中的不同分类。当我们亲自翻阅《四库全书书目》时，我们才能真正地脱离书本抽象的解释，了解《四库全书》究竟有哪些分类，究竟应该怎样索引。在自己做了索引后，我才真正理解了"四库分类法"和"中国图书馆图书分类法"的不同，理解"中图法"分类的依据所在，而且在这个过程中对古籍的体系有了初步的理解。
>
> 张老师布置的另一项作业是模仿《四库全书提要》的格式，选取《续修四库全书》中的一本书，写一篇提要。于是同学们必须在图书馆里查阅资料，埋头苦干。我也一改往日临到要交作业才到图书馆搜几本相关的书、草草阅读相关几章便动笔的坏习惯，像一个编写《续修四库全书提要》的小实习生一般苦苦思索，切实地体验了一次文献学工作者的工作实况。

案例中张老师运用了典型的任务驱动的教学方式。所谓任务驱动，是指让学生在真实、有意义的任务情境中，通过完成任务来学习知识、获得技能、形成能力、内化价值观。在教学过程中，教师将教学内容设计成一个或多个具体的任务，无论是教师还是学生都围绕如何完成某个具体任务而开展教学活动。一个任务由诸多教学内容组合在一起，学生完成任务的过程，既是学习知识内容的过程，也是综合应用知识的过程。

中学教育和大学教育虽然难度不同，但道理是类似的，我们应该避免布置那种一翻教参、辅导书就能得出答案的问题。这一点也十分考查教师的教学创新能力，教师对于教学应该有自己的思考，而不是学生、教师都集体跟着教参走。

以辽宋对峙这一课为例，讲到澶渊之盟的意义时，可以将学生们分为辽宋两派，其中又抽出些同学作为辽宋两方官僚中的主战派和主和派，还有些同学作为辽宋内地和边境的百姓。请同学们读完课文后，结合所学知识，查阅相关资料，根据各自的身份列举数条自己的主张及其理由，然后分享、交流同学们的学习成果，促使学生在实践中明白这样一个道理，思考和评价一个历史事件应该从多角度观察，多层次评价，这比罗列、总结课本上的澶渊之盟的内容和评价要有价值得多。

任务驱动的最核心价值在于真实，学生基于完成任务所获得的知识和能力能够直接迁移到未来的工作和生活中。

下面是一位教师记述的他所在学校外籍教师上的一节物理课。

学校一个外教上物理中有关"力"的内容时，带了一个小球进入教室，教师松开手，小球向下掉，教师问学生这是什么力，并让学生画力的方向；小球弹上来，教师再问是什么力，并画力的方向。接着他又开始拖拉桌子，问手用的是什么力，要求画力的方向，又问桌子和地面间是什么力，又让学生画方向。然后发了一张讲义，上面画了几种力，还有支点、轴。接下来教师不讲了，让学生带着纸笔到教室外面去了，从幼儿园（我校是从幼儿园到高中）的跷跷板、转椅到修理室的木工师傅钉钉子什么的，都要求画力和力的方向。

同学们开始也不太会画，交头接耳的，有的向老师提问，有的将画好的给老师看。学生要是不主动问老师，老师就只让学生画图。有学生坐在椅子上，老师就让别的学生画椅子和人的受力图。操场上有同学打球，有同学就开始分析受力。学生主动提出或画出受力图的行为受到了老师极大的肯定，后来学生看到有作用力的，就很自觉地画。

下课进教室的时候，学生就自觉地注意到了挂在教室里的投影仪等，甚至门的受力都有学生画出来。当学生注意到教室里的这些装置时，教师给予了表扬。最后作业的内容也都是日常生活中的图片，让学生作受力分析。学生根据一节课的实践，看到图片时表现得很自信，画的受力图也基本正确，有稍难的会讨论或者到网上找答案。教师提供给学生观察、实验、考察等实践机会，学生在真实情境中学习的过程中，课本中抽象的力变得具体化、生活化，充分体会到生活中处处有科学知识，体会到学习的实用性，愿意动脑、动手。学生学得愉快，教师教得轻松。

(何翼飞，《高中化学教学中渗透STSE思想的教学设计研究》，硕士学位论文，南京师范大学，2011)

这就是在中小学课堂中实施的任务驱动的教学。与教师讲、学生听的教学相比，学生获得知识的途径及学习的收获完全发生了改变，学生不再是被动地接受知识，然后做固定的练习，而是面对真实的问题，接受真正的任务，主动地解析问题并构思完成任务的方法。

如同案例教学中的案例是关键一样，任务驱动教学中的任务也是关键。需要指出的是，任务必须包含有价值的问题，而这个问题与教学目标密切相关。杜威强调，教学中的活动必须包含主动的理智活动，活动是一种手段，通过活动发展智力才是目的。

因此，教学中的任务不是让学生干活儿，而是让学生面对真实的问题，解决这个问题需要已有的知识，或者要学习新的知识，或者要将多个知识整合起来。提取、获得、整合知识的过程需要学生多方面的思考，对学生多方面、多层次的思维能力均有促进，完成任务学生会获得知识和智慧的双重增长。

下面是一个在目标情境中进行任务设计的案例。

教学目标	举例
为什么使用英语（why）	日常生活、求学、工作、考试
如何使用英语（how）	技能：听、说、读、写 方式：电话、面对面、网上聊天 话语类型：学术文章、演讲、非正式会谈、技术手册
谈论什么内容（what）	话题：看病、饮食、建筑、商业、工程 内容深度：专业讨论、日常聊天
和谁交流（who）	母语者、非母语者 对话题的了解程度：专家、学生、外行 与交际对方的关系：夫妻、朋友、上下级、买卖方
在哪儿交流（where）	场所：家、办公室、宾馆、饭店 社交场合：晚会、会议、展览会 语言环境：在中国、在国外
交流的时间（when）	同时在课外使用汉语 使用频率：一直、常常、偶尔

从这个案例可以看到，任务设计要确定教学目标，并以目标为导向，经过缜密的构思将任务与教学目标密切关联起来。与讲授式的教学相比，任务驱动的教学难度不是变小而是变大了，需要更加仔细的设计和丰富的经验才能很好地把握教学进程。

任务驱动的教学仍然需要知识的学习和积累，但是其中的知识观发生了变化：知识是有活力的，不是静止的、被冷藏的，学习的目标不是堆积知识而是发现和应用知识；知识是与现实生活相联系的，不是脱离实际的；知识是系统化的、联系的，不是孤立的；知识是具有个人属性和时间属性的；知识不是已经决定、视为当然的东西，是要加以思考、修正和补充的。（许紫薇，《论杜威的知识观及其对新课改中教师的启示》，《新课程研究》，2006，7）

在这样的知识观之下，任务驱动的教学往往具有一定的开放性，体现在

两个环节:

(1) 问题的确定

学生面对任务，首先要确定完成这个任务要解决什么具体问题，例如要去外地旅行，要解决的问题包括旅费从哪里来、如何安排时间、用什么交通工具、和谁一起去等等。面对任务，学生能否确定关键问题对完成任务无疑非常重要。

(2) 完成任务的过程

解决同样的问题可能有不同的方法和路径，如解决水污染问题可以采用化学方法，也可以采用物理方法，还可以采用生物方法。对此教师要持开放和宽容的态度，在教学过程中注意观察和指导，及时总结学生不同的方法，供学生交流分享，这会使学生有更多的收获。

基于上述开放性，教师在教学中不应追求统一做法和标准答案，也不宜简单评价哪种方法好，哪种方法不好，这样会弱化任务驱动教学的核心价值。我的建议是:

● 坚持目标导向

在确定问题、指导任务完成、评价任务结果等各阶段，都要以教学目标为依据进行指导和评价，开放不等于随意，多样化与高质量并不矛盾。

● 加强学生之间的互动和分享

学生多样化的思考和完成任务的过程成为可供同学们分享的好素材，即使是完成任务过程中走的弯路也值得分享和借鉴，这会最大程度发挥任务驱动教学的优势。此外，教师要及时总结学生的成果并鼓励大家分享，这也是调动学生积极性的重要举措。

● 教师要加强指导与监控

任务驱动的教学绝不是放任学生自由活动，这个过程更需要教师的指导和监控。教师的指导主要体现在帮助学生做得更好，而不是代替学生去做或直接告诉学生做法。教师要把握好个别指导与集体指导的平衡，共性问题集体指导，个性问题个别指导，但如果个别学生的问题很有典型性，或者对于某部分内容的学习很重要，也可进行集体指导。

教师对任务驱动的教学可能存在三种误解。①任务＝练习。练习的本质是熟练而不是解决问题，这失去了任务驱动的核心价值。②任务＝讨论。教师把任务布置给学生，让学生"讨论如何去做"，这种"以说代做"的做法与任务驱动教学的初衷是不符的。③任务＝不讲授。第一种情况——不能讲。有些学校规定教师讲课必须在多少分钟以内，过时不许讲，看着着急也不许讲。这实在是极为教条而又愚蠢的做法，教学被如此"一刀切"的规定很荒唐。第二种情况——不会讲。教师不知道讲什么，这多因为教师对任务驱动的教学不熟悉，无法从学生完成任务的过程中提取有价值的信息进行指导。第三种情况——不想讲。有些教师认为任务给你了，你就做去吧，和"我"没关系了，这实际上放弃了教师在教学中对学生进行指导的责任（段沫，《基于需求分析的任务型教学研究》，博士学位论文，华东师范大学，2010）。

3. 师生互动

打破教师讲、学生听的模式，关键是要给学生动起来的机会，前述的案例和任务就是让学生动起来的条件。教学中还有一个让学生动起来的条件——师生互动。《基础教育课程纲要》指出："教师在教学过程中应与学生积极互动、共同发展。"为什么纲要强调师生互动，为什么这是让学生动起来的条件？

教师不是课标和教材的传声筒，教师有自己的文化背景、人生经历和情感体验，这些是驱动教学、让学生动起来的重要资源。这就好像听一个经历过战争的人讲战争，讲的是自己人生中的一部分，不但听众会有更深刻的感受，而且更有可能激发听众的思考，此时如果听众提问，而讲座者给予高水平的回答，二者就形成了互动，一旦形成良性循环，就会在讲座者和听众之间激起更广泛、更深入的讨论，听众能被调动起来并最终会有更大的感动和收获，而讲座者因为遇到"知音"、看到自己的讲座引起积极的反响，也会更加自信、更有成就感，讲座者和听众在这个过程中都获得了成长。

学生不是空空的容器等待教师把知识倒进来，他们有自己感兴趣的内容、对事物的看法、不解的迷惑，需要面对的困难和挑战……这些如果不能得到教师的关注和重视，学生在学习中就会陷入被动。

本书前言中《马说》的教学案例，最大的问题就是教师单向灌输，学生的需求和状态没有被关注，他们完全陷入了被动的学习之中。如果教师有意识地与学生互动，倾听学生的想法，赞赏学生的有见地的观点，鼓励学生说出自己的想法或提出问题，对学生的想法和问题予以评价和解释，总结互动过程中的生成性问题……这会使学生在兴趣、知识、思考、情感等各方面"活起来""动起来"，师生成为学习共同体，共同参与、相互作用，创造性地实现教学目标。

"产婆术"，即苏格拉底方法，是极为典型的以言语为主要载体的师生互动，我们来看看这种互动的价值及其与讲授法的不同之处。

苏格拉底方法包括诘问（不断提出问题使对方陷入矛盾之中）、助产（启发、引导学生，使学生通过自己的思考，得出结论）、归纳和定义（使学生逐步掌握明确的定义和概念）等步骤。由于苏格拉底把教师比喻为"知识的产婆"，因此，苏格拉底方法也被人们称为是"产婆术"。苏格拉底的弟子色诺芬在《苏格拉底言行回忆录》中记载了苏格拉底同尤苏戴莫斯关于"正义"的对话：

苏：能否区别正义与非正义？

尤：能够。

苏：虚伪属于正义还是非正义？欺骗、做坏事、奴役人属于正义还是非正义？

尤：非正义。

苏：奴役非正义的敌人、欺骗敌人、偷窃敌人的东西，也属于非正义么？

尤：不是。

苏：是不是可以这样归纳：虚伪、欺骗用在敌人身上，属于正义行为，用在朋友身上属于非正义行为。

尤：对。

苏：假如在士气消沉时，谎称援军来了；儿子生病不肯服药，父亲骗他，把药当饭给他吃；一个人因怕朋友自杀，而将朋友的剑偷去；这些行为是正义的还是非正义的？

尤：是正义的。

苏：你是说，就连对朋友也不是在什么情况下都应该坦率行事，是吗？

尤：的确不是。如果你准许的话，我宁愿收回我已经说过的话。

苏格拉底的"产婆术"集中体现了师生互动的价值。学生被充分调动起来，在师生互动的基础上生成了大量有价值的教学内容，这些是教师备课时无法预料的，互动创造了教学资源，丰富了学生和教师的收获。通过师生互动，教师真正了解了学生的所思所想，认识了学生的认知水平和认知特点，澄清了学生存在的问题、遇到的困难，在此基础上，教师有针对性地呈现教学内容和把握教学进度。在师生互动中教师缓缓地、平和地表达自己的想法和观念，绝不硬性地灌输给学生，这充分体现了教师对学生的尊重，从而创设了一个平等、融洽的教学氛围。

以言语为载体的师生互动是教学中最重要的形式，下页是教育教学中被广泛使用的"弗兰德斯师生互动分析系统"，由此工具可分析师生言语互动的具体形式及其对学生的影响。

在这个分析系统中，第1到第5及第9种的言语互动是积极的，第6到第8种言语互动是消极的，第10种属无法评价的互动。教师可评价自己与学生互动的模式与特点，从中发现可能存在的不足，该评价系统的具体操作方法可参考专门的文献。

分类	编码	内容

教师语言	间接影响	1	接纳:以一种不具威胁的方式,接纳及澄清学生的态度或情感。学生的情感可能是正向的,也可能是负向的。
		2	鼓励:称赞或鼓励学生的想法或行为,也包括缓解紧张但不伤人的笑话、点头,或说"嗯""继续"等。
		3	澄清、总结:澄清、延伸、扩展学生所提出的意见或想法。但是,当教师呈现较多自己的意见或想法时,则属于第5种。
		4	提问:以教师的意见或想法为基础,询问学生有关内容的问题并期待学生回答。
	直接影响	5	讲授:就内容或步骤提供事实或见解,表达教师自己的观念,提出教师自己的解释,或者引述某位权威的看法。
		6	指令:指示、指令或命令,此类行为具有期望学生服从的功能。
		7	批评:对学生与教师不一致的想法和行为表达否定、批评、嘲笑、攻击。
学生语言	教师驱动	8	学生被动应答:学生为了回应教师所讲的话。教师指定学生答问,或是引导学生说话。学生自由表达自己的想法是受到限制的。
	学生主动	9	学生主动表达:学生主动开启对话,表达自己的想法;或引出新的话题,自由地阐述自己的见解和思路,如提出具思考性的问题。
		10	沉寂或混乱:暂时停顿、短时间的安静或混乱,以致观察者无法了解师生之间的沟通。

言语互动是师生互动中最常见、最重要的互动形式,但师生互动并不限于言语互动,以下三个方面对于建立良好的师生互动有重要影响。

(1)为互动建立"支持系统"

以下这个案例凸显了师生互动的美妙与价值,其中当然有言语交流,但是教师对学生的关注和关心、点拨和启发、评价与反馈、鼓励和赞赏是使得师生互动有效的根本因素。

在《中国民间美术》一课中,学生尝试剪纸,很多同学兴致勃勃地开始剪起来,剪出的图案也是五花八门。在班级的后面有个学生很沉默,我走过去,发现他没有剪刀,很无聊地用手撕着纸,我看着他,他有些不好意思地低下头。我鼓励他说,你可以试着用手撕出一件作品来啊,不用剪刀也是可以创作出艺术作品的哦!他似乎有了想法,开始认真撕起来了。等大家都完成了手头工作的时候,我让学生展示他们的作品,刚才那位同学非常自信地把自己的作品展示给大家,并解释给大家听:我撕的作品是两个运动员奔跑的状态。同学们看见他的作品感觉很新奇,并给他以热烈的掌声。我看他撕出的作品惟妙惟肖,又很有动感,我也十分惊讶,他竟能撕出这样生动的作品,我为他有这样的作品而兴奋,为我给他的鼓励而自豪。

(黄文宇,《高中美术教学重在培养学生的创造能力》,硕士学位论文,哈尔滨师范大学,2012)

有研究者从教师行为角度出发,将课堂划分为权威式、民主式和放任式,结合与之对应的学生行为,将课堂互动分为三个类型:教师命令式、师生协商式和师生互不干涉式。积极的师生互动通常表现为:相互关心——师生都十分清楚自己受到对方的重视;独立自主——不依附于对方并各自展示独特的个性和创造力;坦诚相待——双方友好诚实,从不设法欺骗对方;彼此适应——一方需求的满足顺应另一方的需求,双方相互协调相互配合(李保强,《师生互动的本质特点与外部表征》,《教育评论》,2001,2)。

上述美术课的案例表明,情感交流和师生关系是良好师生互动的支持系统,只有优化这些因素,才能保证师生互动的高品质。

(2)"生成性信息"在师生互动中尤其需要珍视

2012年伦敦奥运会,我国一位女运动员获得击剑铜牌,她摘下面罩后大声嘶吼,脸上挂满了泪水和汗水。她来到记者采访区,记者按照计划提问:"请谈谈得到铜牌的感受。"这位运动员马上冷静下来,按照套路说了些不疼不痒的话。同样,2012年8月4日《奥运风云会》记者采访游泳金牌获得者焦刘洋和她的教练。教练说焦刘洋放弃了很多东西;焦刘洋说在澳大利亚的训练比跟着国内教练轻松得多;2010年陷入低谷,与教练总是对着干等。采访中透露了三个重要的信息,如果记者足够敏感和专业,对这三方面的信息进行追问，采访一定会非常精彩。可惜的是，主持人还是按照自己预设的问题进行采访。

互动中的"互"是相互、交互的意思，师生互动意味着师生相互激发、相互触动。如果教师和那个主持人一样，表面看起来在与学生进行言语互动，但一切互动的内容都是预先设计好的，这样的互动将会非常肤浅，无法体现互动最核心的价值，这与教师按照预先设计的教案进行单向讲授没有什么区别。换句话说，正是发掘、利用了师生互动中的生成性信息，教学过程才不断有新的内容产生，师生互动才能够逐步深入，形成真正的交流，学生才能真正被调动起来，这是师生互动最有魅力、最有价值的成分。

把握好生成性内容就是要抓住两个方面。首先，教师一定要给学生自由表达的机会，学生能够、愿意说出自己的所思所想，这是学生动起来的表现，也是教学不断生成新内容的基础。其次，对于生成性内容教师要足够敏感，能够及时抓住有价值的生成性内容并有效地整合在教学中。

此外，教师要优化与学生互动的方法和技巧，包括倾听、总结、澄清、诘问、追问、点拨、引导学生讨论等等，教师要在教学实践中不断摸索，发现应用这些方法的最佳模式。教师也可观察和学习优秀的电视节目主持人如何与来宾互动，互动过程中如何取舍进退，支持来宾畅所欲言，适时准确地追踪和挖掘新内容，使节目内容主题鲜明又富有弹性。

(3) 教师的主导作用不可忽视

我和一位班主任曾一起做过初中生公民教育的班会活动，以当时的极富争议的话题为载体："姚明将女儿生在美国，邓亚萍将儿子生在法国，这么做是不是不爱国？"学生们对此话题很感兴趣，展开了热烈的讨论。

学生们基本分成了两派，一派的典型观点："平时口口声声为国争光，为祖国而自豪，可是却不愿意让自己的孩子是中国籍，这是矛盾的，也是虚伪的。"另一派的典型观点："姚明和邓亚萍有选择自己孩子国籍的自由，他们没有犯法，也没有做不道德的事情，这与爱不爱国没有关系。"

对于这两种观点，作为教师如何回应？

我对学生们说，请同学们考虑一下，姚明和邓亚萍的身份，他们是不是普通人？学生都认为他们不是普通人，这一点没有争议。我接着问："大家知道他们是如何成长、如何达到运动生涯顶峰的吗？"这个问题之后，我给学生们展示了一些美国运动员训练和比赛的资料，其训练和比赛的费用主要有自筹、商业赞助、比赛奖金、协会赞助等四个渠道，并非用国库中纳税人的钱来支付训练和比赛的费用。而中国竞技运动目前是举国体制，他们的训练、比赛乃至生活费用都是由纳税人支付的，这笔费用非常庞大，尤其在顶尖运动员身上的花费十分惊人。少数顶尖运动员一旦成功之后，在广告代言、工作安排等方面将享受十分巨大的收益。

基于这些素材，学生们陷入了思考，他们后面的发言和讨论显然更加理性、更加深入。学生们提出了以下观点：①姚明和邓亚萍不是普通人，他们获得了中国纳税人的大力支持，并且在达到运动巅峰后获得了很高的收益，他们应当有回报纳税人、回报国家的意识和行动，孩子入外国籍与纳税人对他们的期望是相悖的；②孩子入外国籍也许不能说明不爱国，但姚明和邓亚萍是具有巨大影响力的公众人物，结合上一条，他们对自己的言行应当更加审慎，应当考虑到这样的行为可能给国人带来的失望情绪。

在这样的思考下，我又启发学生："为什么我们现在反对'裸官'？"（裸官是指配偶和子女非因工作需要均在国外定居或加入外国国籍，或取得国外永久居留权的公职人员。作者注）政府工作人员有将自己的配偶和子女送到国外定居或入籍的自由吗？这和上述姚明、邓亚萍的事件性质一样吗？为什么普通老百姓可以不公布财产，政府官员要公布财产。学生们对这些话题有着非常高的热情，最后讨论的结果令人满意。

上述这个教学过程与"产婆术"的思路是一脉相承的，不直接肯定或否定学生的想法，而是将学生的回答作为进一步讨论的载体，同时教师为学生提供思考、讨论深化的素材，引导学生获得更高水平的学习效果。

总之，在师生互动的基础上，师生成为"舞伴"，他们相互配合、彼此照顾、共同进退；师生共同唱出优美的和声，两个声音是独立的，但是结合在一起才悦耳动听。

综上所述，让学生动起来是优化课堂教学的必由之路，也是实现探究学习、问题解决学习、合作学习、体验学习和有意义的接受学习等多种学习方式的基础。教育要改变学生，就必须先让学生动起来。"活动"与"发展"紧密联系，学生的活动是其认知、行为、情感发展的基础，无论是思维、智慧的发展，还是态度、意志、价值观的形成，都是通过学生与学习内容之间的相互作用而实现的。学生的发展，归根到底要靠其自我生长。

要让学生真正地、高效地动起来，教师就要给学生提供动起来的条件——案例、任务、师生互动等，而这突破了传统的教师单向讲授的模式，教师需要不断学习、实践。

10. 趣——乐趣、兴趣、情趣

学生为什么而学习？学生因什么能学习？一个极为重要的、不可或缺的原因是有趣。语文教育专家吕叔湘说："有一个口号，叫做'先生苦教，学生苦学'。都是苦，那怎么行？我们做事要感到有乐趣，如果不是精神愉快而是愁眉苦脸地在那儿教，愁眉苦脸地在那儿学，效果决不会好，情绪不对嘛。"

孔子："知之者不如好之者，好之者不如乐之者。"他的生徒们深深地感到："夫子循循然善诱人，博我以文，约我以礼，欲罢不能。"当教学有"趣"时，学生的学习"欲罢不能"，这实在是教学的高境界。

荀子是诸子中又一位积极提倡乐学乐教的教育家。他说："夫乐，乐也。人情之所不能免也，故人不能无乐。"荀子认为追求快乐是人的本能，在满足人享受快乐的欲望中进行教学就能达到"礼以节外，乐以和内"的效果。人不能"无乐"，对于一个未成年的孩子，学习又怎能无乐呢？

德国教育家赫尔巴特曾说："厌倦是教学的最大罪恶。"另一位德国教育家第斯多惠说："教学的艺术不在于传授的本领，而在于激励、唤醒、鼓舞。没有兴奋的情绪怎么能激动，没有主动性怎么能唤醒沉睡的人，没有生气勃勃的精神，怎么能鼓舞人呢？只有生气才能产生生气，死气只能从死气而来。所以你要尽可能多地使自己习惯于蓬勃的生气！"

如何让课堂充满"蓬勃的生气"？如何让教学有趣？教师可从乐趣、兴趣和情趣三个方面入手。

1. 乐趣——感官之乐

英国著名哲学家、社会学家赫伯特·斯宾塞写了一本"在过去一百年里，对欧美国家的父母和老师影响最大、读者最多"的书——《斯宾塞的快乐教育》（海峡文艺出版社，2010），其中有一段描述：

夏天的时候，我给小斯宾塞（远方兄弟的孩子，2岁时父母去世，被斯宾塞收养。作者注）买了一架脚踏风琴，希望开始对他进行音乐教育。当风琴搬回来的时候，我告诉小斯宾塞，这是一架具有魔力的风琴，只要你不断用脚踩踏板，同时用手按上面的黑白琴键，它就会唱歌，如果你懂得了由七个数字组成的魔法，它就会唱出美妙的歌来。果然，风琴安好后，小斯宾塞就急不可待地坐上去，乱按一气，各种不成音律的声音时高时低地发出来，这一个下午，成了小斯宾塞兴奋得发抖的美好时光。

但是好景不长，没过多久，德赛娜（照顾小斯宾塞的女士，作者注）与小斯宾塞关于风琴的斗争开始了。德赛娜焦急的尖叫和指责声夹杂在不协调的琴声中。这样过了一个月，德赛娜受不了了，她向我抱怨："小斯宾塞可能在音乐上一点天赋也没有，一支简单的曲子，他学了一百遍也不会……"我也觉得必须阻止这种教育了。我对德赛娜说："不要因为不恰当的方法扼杀了孩子的天赋。如果弹风琴变成了一件紧张而痛苦的事情，那么音乐是学不好的。""斯宾塞先生，你自己来试一下吧"，德赛娜不快地说。夜晚来临，我们坐在餐桌前，我对小斯宾塞说："亲爱的，我特别喜欢你弹的那首小曲子，叫什么来着？"小斯宾塞抢着说："林中仙子。""对，就是这支，能弹给我听听吗？"小斯宾塞摇摇头。我说："唉，真遗憾。要是我自己会弹就好了，哪怕一小段！"小斯宾塞赶紧说，那我就试试吧。他坐上去，轻轻地弹起来。出人意料的是——他弹得很流畅，轻重也恰到好处。美妙的旋律在晚风中飘荡，德赛娜吃惊地看着我……

我认为：教育应当是快乐的，当一个孩子处于不快乐的情绪中时，他的智力和潜能就会大大降低。呵斥和指责不能带来好的结果。我认为教育的目的是让孩子成为一个快乐的人，教育的手段和方法也应该是快乐的。就像一根细小的芦管，你从这头输进去的如果是苦涩和汁水，在另一端流出的也绝不是甘甜的蜜汁。孩子在快乐的时候，他学习任何东西都比较容易，相反在情绪低落、精神紧张的状态下，他的信心会减弱，这时即使是一个伟大的教育家面对他们，也不会有任何办法。唯一的方法是把他们的情绪调节到快乐、自信、专注，然后开始学习。

斯宾塞的教育思想——教育始于快乐——实在太重要了，其中凸显了一个极为重要的教育规律。这里的快乐是"人们内心的愉悦、安详、平和、满足、稍带兴奋的心理状态"。快乐始于感官，当口舌遇到美食、眼睛看到美的事物、耳朵听到好听的声音，快乐能够被立即激发。而快乐的心理状态又能够反过来激活人的感官，使其集中注意力，增强其做事情的积极性。

《吕氏春秋》中有一段话：心弗乐，五音在前弗听；五色在前弗视；芬香在前弗嗅；五味在前弗食。欲之者，耳目鼻口也，心必乐，然后耳目鼻口有以欲之。人之情，不能乐其所不安，不能得于其所不乐。人之情，不能亲其所怨，不能誉其所恶，学业之败也，道术之废也。善教者则不然。视徒如己，反己以教，则得教之情矣。所加于人，必可行于己，若此则师徒同体。

这段话深刻地说明了为什么"学习始于快乐"：如果学生的心情不快乐，他的感官就"封闭起来了"——五音在前弗听；五色在前弗视；芬香在前弗嗅；五味在前弗食——此时怎能学习呢？而学生一旦有了快乐的情绪，各种感官就会被"积极动员起来"，学习效率将大幅度提高。因此，教师要"视徒如己"，要设想"如果是我这么学习会快乐吗？"要设身处地地体验学生的情感，要在乎学生是否学得快乐。

我的学生浦燕妮在作业中描述了她快乐的数学老师和快乐的数学课堂：

12年的中小学生涯，只有一个老师的课给我留下了比较深刻的印象。我很喜欢她的讲课方式，每一次都让我觉得数学课不再无趣。

她来之前，我是不听数学课的，原因一是数学老师是一个即将退休的严厉的女老师，原因二是我在课前就学会了，每次上了十分钟就不会再听下去。但是这个老师就不一样，因为她很少站在讲台上，或者你根本就看不到她"老老实实"地站在那儿。老师讲课的时候，她随便找一个同学来当甲，然后她当乙，追击问题现实上演，就在你的身旁，整个教室都是她的活动范围。这时如果你溜号被她发现就"惨了"，惩罚的方式也是千奇百怪，比如有时她会靠在同学的身上，让他猜老师的体重。

每一次上她的课都是"惊险"的，她总是会设定一些让你紧张的时间限制，逼迫你去加快运转你的大脑。每一次结束新知识的内容，老师都会留一道不是很简单也不是很难的题目让你做。与众不同的是，她会站在讲台上，过五分钟后就开始念，"快点啊，要下课了""××，你怎么还不交，捂热乎呢""快啊，××都交了，你们落下了……"

这个老师第一次收作业时不要同学写名字，而是画张画，由她去猜。记得最有创意的是一个同学画了一只站立的山羊，老师一下就猜到她叫孙丽洋，然后展示给全班看，还给了她满分。老师叫得出每一个同学的外号，当然大部分都是她起的。

永远欢乐的数学课，永远欢乐的数学老师，学生们学得最认真的是数学课，最棒的是数学成绩，每一年我们班的数学成绩都是全年级的第一名。她的数学课真正是一个欢乐的课堂，一个吸引全部学生注意力的课堂，一个永远不会有人睡觉的课堂，一个让我现在回想起来还能听到同学们笑声的课堂。

快乐的教学，富有乐趣的教学，给学生留下了多么美好的印象，影响又是多么深远！如何做到有趣的第一个层次——乐趣——让学生在感官上舒适、愉悦呢？

(1) 舒缓学习疲劳

学生的学习负荷相当重，尤其在当前激烈应试竞争的背景下。学习疲劳如果很严重，或者长时间得不到舒缓，学生的情绪就会出现劣化，即出现

"心弗乐"的状况，进而学生学习的感官有可能关闭，此时就会出现学习的惰性。

学习疲劳有两个来源，一是客观的学习负荷，二是主观的心理负荷。客观负荷指学习时间、学习内容需要学生付出心力，主观负荷指学生在学习过程中心理上对于学习负荷的体验。主、客观负荷有时是一致的，如学习时间长、精力高度集中，学生感觉疲劳；二者有时也不一致，有些学习，如简单枯燥的背诵，虽然不需要付出太多心力，仍会让学生感觉疲劳。

对于客观负荷引起的疲劳，教师可采取两种方式予以舒缓：一是降低学习难度或学习强度，帮助学生度过疲劳期；二是转换活动形式。

对于主观负荷引起的疲劳，最重要的就是提升学习活动的趣味性，让学生感到情绪上的愉悦，这样面对相同的学习负荷，学生的心理感受却会轻松得多。这就好像一个人干活儿闷闷不乐，可是和好朋友一起有说有笑地干活儿，感觉很快就把活儿干完了，还不觉得累。

（2）让学生体验情绪上的愉悦

情绪的愉悦是乐趣的核心。本辑前面几章都有相关内容，如"引"中激发学生的学习期待和学习热情、"问"中将问题置于故事之中、"比"中的生动有趣、"动"中的任务驱动等等，教师在这些方面有针对性地进行优化，一定能让学生感到更愉悦、更有趣。前面数学课的例子，教师的很多举动看起来似乎与教学无关，但确实起到了让学生开心的作用。因此，教师可有意识地用一些方法让学生感到放松和愉快。

2013年初，北京遭遇了持续时间长、程度非常严重的由污染引起的雾霾天气。我想任何一个学科的教师都可以和学生分享这样一个笑话："某北京人去夏威夷度假，一下飞机，头一口气就呛晕了。空气太纯了，醉氧！急救车一到，这人拼命冲大夫比划：China！大夫马上明白：OK！把氧气袋放掉，接了袋汽车尾气，插上管。哈，立刻就缓解了。这人可不敢在那儿继续玩了，坐飞机回北京，等飞机在首都机场一落地，舱门一开，一闻，哇！味儿正！呼吸舒畅，浑身通泰！"这样一个带有讽刺意味的笑话，学生听了一定会哈哈大笑，不但愉悦了情绪，笑过之后还会对环境污染问题有所思考。

《小学数学特级教师刘永宽访谈录》中刘老师说：

> 每一节数学课，我要讲一个笑话，很有效的。数学课有笑话，别的课没有，学生就会很开心啊。时间也不多，一分钟，课前、课后、课中都可以。我还会给学生布置任务：每天表现最好的一个孩子，你回家准备一个笑话，明天数学课，要讲得整个班的孩子哈哈大笑。孩子嘛，心里很高兴的，回去准备得也是非常好的。你想啊，一个班级里面，数学课上是可以哈哈大笑的，那么学生就会老惦记着这个数学课。即使今天我出差了，明天回来，这个笑话也一定要补上。
>
> 我还会尝试着让孩子换换位子，或者让孩子来上上课。（此时访问者说："学生会很兴奋，很喜欢，但还是要保证教学效果啊，不能只是好玩啊。"）小孩子上课上得比老师还规范呢，当然，老师要提前布置，内容呢，不要很难。你不要看他是小孩子，他也会备课，也会提问，也会评价，现在不是说要师生对话、生生对话吗，这些在孩子上课的过程里面都有表现的。当然，他可能不会像老师一样把所有的算理啊什么的讲清楚，老师只要及时点拨几句就可以了，整个班里的孩子没有开小差的，绝对没有，他们很高兴的。我还会让家长来上上课，或者偶尔请同年级的老师来讲一讲。总之这里面有很多办法，不停变换，那么小孩子就老是惦记着数学课，老是惦记着你这个数学老师。

刘老师让学生"备课"并且给同学"讲课"，这当然与教学目标密切相关；刘老师讲笑话、让学生讲笑话，这也有助于提高教学效率，使学生的心情变得轻松愉悦，更有热情地投入学习中。需要注意的是，类似讲笑话这样的手段一定是辅助性的，是为了调节气氛，形成轻松愉快的教学氛围，不能喧宾夺主，要在时间上有所控制，并且在欢愉的气氛中抓住机会引入教学内容、实现教学目标。

一位物理教师在讲到绝对温度的单位是"开尔文"时，故意说成"就是那个发现进化论的开尔文"，学生们先是一愣，然后几乎全班同学齐声回答

第十章　趣——乐趣、兴趣、情趣

"那个是达尔文",随即有很多同学笑起来,整个课堂气氛轻松、欢乐起来,而且给学生留下了极为深刻的印象,对"开尔文"这个单位恐怕再也忘不了了。

(3) 幽默是非常高级的让学生获得乐趣的手段

我的学生杨婧在提交给我的作业"一堂神奇的政治课"中写道:

对政治课我是极度厌恶的,高中就是因为不想听老师讲政治而弃文从理,而本周听到的关于十八大的报告却让我彻底改变了对政治课的看法。

给我们讲课的王教授首先以生动的比喻讲解了我们为什么需要科学发展观,"这是科学方法的基础,只有有了正确的方法,才能有靠谱的行动。在中国投入最多收获最少的两件事是什么?就是学英语和踢足球。"台下一片笑声,"这是因为方法不对头。"

在讲到政府工作报告中"不能走封闭僵化的道路"时,王教授依然延续了他幽默风趣的讲课风格。"几个月前我去了趟朝鲜,最大的感受就是找到了自己的青少年,梦回40年前的中国。"台下一片笑声。"感觉就是回到了文革时期的领袖时代,可爱的朝鲜人民在大街上到处张贴着领袖的画像、海报。去的时候说不用带手机,我还说出国怎么可以不带手机呢,结果到了那儿才发现根本没信号。在宾馆住,打开电视,只有两个频道,一个黑白,一个彩色。黑白频道天天不间断地播电影,全是类似《地雷战》、《地道战》的片子,彩色频道天天播新闻,全是打倒美日帝国主义。在街上碰到几个朝鲜学生,和他们聊天,想问问他们怎么看待国家的落后问题,又不好直接说韩国,就问你们觉得南边的生活怎么样,他们回答说,他们有穷有富,我们都一样。"台下又是一片笑声。

王教授风趣幽默,讲得深入浅出,他举的例子也真实可信,同学们听得津津有味,我翻开的语言学书一眼都没看,完全被教授的讲座吸引,第一次觉得政治课也这么有趣。

幽默的本质是诙谐风趣而又意味深长，幽默的表达有两个必要的条件：一是让人感到欢乐，二是让人思索和回味。在上面这个案例中，一向令人感到枯燥的政治讲座变得吸引人又让人深思，幽默实在功不可没。

幽默有助于教师以诙谐、有趣的方式表达观点，使学生在欢乐中获得知识并且印象深刻。

在历史课上教师可以问学生："为什么至今美国都没有一个女总统？"学生自然会从政治、经济、文化、人权等方面对此进行思考，但教师可以先回一句："因为美国法律规定只有36岁以上的公民才有资格竞选总统，可是没有一个美国女性愿意承认自己的年龄在36岁以上。"学生们一定知道这是不合逻辑的，他们一定会笑起来，但恰恰是这个逻辑错位让学生深刻记住了美国竞选总统的年龄规定，也让学生感受到在西方一个女士的年龄是多大的秘密，打听女士的年龄是多么不礼貌的事情。

有一位教师在讲"如何写议论文"时对学生说，议论文其实并不神秘，我三岁的小孙女也会作论文。小孙女说："我最喜欢爷爷了！"这是论点。"爷爷喜欢我，不骂我，买冰棒给我吃，还带我到儿童乐园去玩。"这是四个论据。"所以我喜欢爷爷。"这是结论，并与开头呼应。这个例子一举，整个教室充满了学生的笑声，在笑声中，学生理解了议论文的基本特征。

一位教师在讲到水是生物体中含量最多的化合物时，借助广告词"女人是水做的"，感叹"其实男人也是水做的"。在讲到病毒侵染细菌的过程时感慨："病毒DNA侵入细胞后，住人家的，吃人家的，用人家的，最后还把人家的房子给拆了，这真是一个没良心的家伙。"学生在笑声中加深了对所学知识的记忆和理解。

总之，教师可以在教学中以幽默的方式（借代、夸张、讽刺、自嘲、逻辑错位等等）陈述事实或表达自己的看法，使学生印象深刻。

幽默还有助于教师应对危机与突发事件。

英国首相威尔逊在一次演讲时，台下突然有个人高声打断了他："狗屎！垃圾！"威尔逊虽然受到了干扰，但他急中生智，不慌不忙地说："这位先生，请稍安勿躁，我马上就会讲到你所提出的关于环保的问题。"全场人不禁为他的机智反应鼓掌喝彩。

英国文豪萧伯纳是个瘦子。一天，他遇到一个胖资本家，遭到资本家的讥笑："萧伯纳先生，看到您，我知道世界还在闹饥荒。"萧伯纳也笑着回答："我一见到您，便知道世界闹饥荒的原因啦。"

这就是幽默的魅力！学生有时会冒失，有时会表现得不礼貌，有时甚至会"攻击"教师，此时运用幽默的方式进行化解是最高明的，这是一个"优雅的转身"，既缓和了冲突，又表现了教师的智慧，并且对学生有教育意义。

幽默不仅是一种表达方式，更是一种力量；幽默不仅是一种交流手段，更是一种生活态度。幽默不是油腔滑调，也非嘲笑或刻薄。浮躁难以幽默，装腔作势难以幽默，钻牛角尖难以幽默，捉襟见肘难以幽默，迟钝笨拙难以幽默，只有从容、平等待人、超脱、机智、聪明、透彻才能幽默。在教学中，能否幽默地表达体现了教师待人处事的态度和技巧。

2. 兴趣——思维之乐

如果说乐趣是使学生投入学习的环境条件，那么兴趣就是驱动学生学习最直接、最强大的动力。本书多个章节、多个内容已涉及教学要激发学生的兴趣，在此系统地进行分析。

我们在学校所做的事，隐伏着一种错误的观点：学校的责任就是将各种知识尽量地灌输到孩子的心里，不管他们乐不乐意接受。学校应该是一个提供给小孩最乐意学习的地方，而不是我们认为传授他们那些知识的地方。孩子如果能学习自己所愿意学习的知识，一旦学会之后，他就会牢记在心而且运用自如。相反，孩子如果为了取悦或满足某人而学习，那么当他不需要取悦别人或无法满足别人的要求时，他便会将所学的部分忘记。在这一方面，好学生和坏学生的唯一差别是坏学生会马上忘记，好学生则小心地将它保留到考试结束。（霍特著，张惠卿译，《孩子为何失败》，首都师范大学出版社，2010）

这段话说得很好，也指出了教学中非常严重的一个问题：学生在没有兴趣的情况下学习，不但教学效果很差，而且是对学生的一种伤害。对此，我国明代思想家王守仁有精辟之见："乐学常使精神力量有余，则无厌苦之患，而有自得之美。大抵童子之情，乐嬉游而惮拘检，如草木之始萌芽，舒畅之则条达，摧挠之则衰萎。今教童子必使其趋向鼓舞，中心喜悦，则其进自不能已。譬之时雨春风，沾被卉木，莫不萌动发越，自然日长月化；若冰霜剥落，则生意萧索，日就枯槁矣。"（李运花，《兴趣：一个不容忽视和懈怠的主题》，硕士学位论文，华东师范大学，2008，5）。

教学要顺应学生的心理特点，尤其要让学生"乐学"，这就必须激发学生的学习兴趣，最终达到学生感受"自得之美"的境界。心理学中将兴趣定义为"一个人力求认识、体验某种事物或从事某种活动的心理倾向"。兴趣源自"兴致"，是一种由爱好、喜欢而产生的愉快情绪，这一点与上述"乐趣"相同。乐趣可以在被动接受的情况下产生，刺激物消失了乐趣也就可能不存在了，如在品尝精美的饭菜时体验到了乐趣，吃过后这个乐趣也就没有了。而如果一个人对饮食有兴趣，是一个美食家，他就要主动地去搜索、品尝更多的美食，可能还会不辞辛苦地写成食评与大家分享，此时他的行为就是受兴趣驱动了。因此兴趣更强调主动地追求，追求的过程可能是艰苦的、充满挑战的，但因为兴趣的存在，个体能感受到心理上的满足与幸福，这就是兴趣最大的价值。

德国教育家赫尔巴特认为兴趣表征了"一个人在智力上进行追求的能量"，是一种好奇心和智力活动的警觉状态。在教学中，赫尔巴特认为兴趣标志着智力活动的特性。在一个人的智力范围内，凡是没有兴趣作为实现他有限目的的一切手段，对于他的智力来说将是一种负担。赫尔巴特把兴趣的产生划分为：注意、期待、探求、行动四个阶段。

请看《斯宾塞的快乐教育》中的片段：

　　到我家里来做客的人，都会看到一些奇怪的东西，其中就有风铃。这不是一般的风铃，而是由一些写满字母、词汇的小木片和几根小钢管构成的风铃。在小斯宾塞的房间里，在屋后的小花园里，甚至在餐桌的上方都挂有这样的风铃。

这实际上是我用来教小斯宾塞学法语的。开始这些小木片上的单词都与悬挂的地方有关，比如床、窗户、起床、晚安、早晨好等等，后来又换成了新的。比如一个风铃上挂的单词，可以组成一首儿歌，或者一句谚语。过一段时间，更换一次。当小斯宾塞摆弄那些词汇片时，就会发出叮叮咚咚的声音。

小斯宾塞几乎是在玩耍的过程中学习了法语、拉丁语。我一般只给他讲三遍，他记不住时，问我一下，我又告诉他。我认为，语言不需要太刻板地去学习（学校把它弄得过分严肃了），只需要熟悉和使用。后来当他每学习一门新的知识时，"词汇风铃"便悄悄演变成"化学风铃"、"物理风铃"。

小孩子的兴趣总是转移得很快，有时非常像一只蜜蜂，人们希望它在一朵花上停留得久些，再久些，但它却总是一会儿停在这里，一会儿又停在那里，在空中闲逛的嗡嗡声让人心烦。但这是孩子的天性，孩子越小，他的注意力停留在一件事上的时间就越短。不过，不要心急，总会有办法的。看，小斯宾塞不是又飞回来了吗。渐渐地，阅读和回忆这些风铃上的小木片，成了他的一种习惯。我后来知道，这种风铃在许多家庭被用起来，连爱丁堡大学校长的家里也有。

从斯宾塞激发孩子的学习兴趣来看，他首先用了能吸引孩子注意力的风铃，轻轻摆动的风铃发出悦耳的声音，能引起孩子无限美妙的遐想。抓住孩子的注意力，这是孩子产生兴趣的第一步。将法语单词挂在风铃上，是将学习内容附着在孩子感兴趣的事物上。

期待是注意的延续，也是行动的起点，个体有了行动的愿望，并且对行动的结果形成预期，这种期待如果强烈又清晰，就会产生强大的动力。对于小斯宾塞来说，得到他人的赞赏、好奇风铃上将出现哪些新词片、得到更多更完整的知识，这些都可能是他的期待，是驱动其行动的力量。

在探求阶段，个体朝着期待的方向努力，这是一个尝试的过程，有可能出现目标模糊、方法不够优化、注意力被其他东西吸引、遇到困难产生挫败感等情况。如果应对不当，个体有可能止步不前甚至放弃努力，而应对得当，就会为形成稳定的兴趣奠定基础。在这个阶段，小斯宾塞可能尝试各种记住单词的方法，他也会遇到困难，也可能在做出努力后时效果不佳，幸运的是他度过了这个阶段。

在行动阶段，个体的兴趣形成并且稳定下来，有效地驱动个体真正地朝着目标努力。此时所遇到的困难和挑战都成为个体最终获得成就感、幸福感的基石。对于小斯宾塞来说，到了这个阶段，即使没有他人的赞美，即使还会遇到这样那样的困难，兴趣稳定而又坚定地推动他往前走，学习活动已经变得自然而又自在了，这就达到了前述"自得之美"的境界。

在教学中，教师激发、维护学生的兴趣也可以从这四个方面入手。

（1）教学活动要吸引学生的注意力

一位物理教师在讲授机械能守恒定律时，用一个单摆来做实验。先将摆球拉到较大的角度使之贴近眼睛，人站着不动，然后放手，使单摆摆动起来。很多学生都替老师担心，生怕摆球会碰到老师的眼睛。这样的一个小实验有效地吸引了学生的注意力，集聚了学生的心理能量，为后续的学习做好了准备。

新鲜有趣的现象、学生关心的热门话题、能引起学生认知冲突的问题等是吸引学生注意力的好素材。但是请教师注意，同样的话题，有的教师说出来能马上吸引学生的注意力，有的教师却不行，这就好像有的文艺工作者，一亮相就能吸引观众的注意力，有很强的"气场"。吸引学生的注意力需要多种因素的协调，包括教师的仪态、眼神、腔调等等，这需要教师细心观察那些"气场"强大的人是如何抓住他人注意力的，还需要教师不断地实践和总结。

（2）激发学生的学习期待

学生的注意力被调动起来之后，教师要"趁热打铁"，这就好像一个人看了奇妙的魔术，自然有一种期待，想要知道魔术的秘密。教师藉由学生的学习期待引入学习目标是一个明智的做法，因为调动学生注意力时所呈现的现象、话题、问题，往往会引发学生探究的期待。

在学习无穷等比递缩数列求和时，可以用阿基里斯（Achines）追龟的故事营造一个问题情境。阿基里斯是古希腊神话中善跑的英雄，在他和乌龟的竞赛中，他的速度为乌龟的 10 倍，乌龟在前面 100 米处爬，他在后面追，但他不可能追上乌龟。因为在竞赛中，追者必须先到达被追者的出发点，当阿基里斯追到 100 米时，乌龟已经又向前爬了 10 米，于是，一个新的起点产生了，阿基里斯必须继续追，而当他追到乌龟爬的这 10 米时，乌龟又已经向前爬了 1 米，阿基里斯只能再追向那个 1 米。就这样，乌龟会制造出无穷个起点，它总能在起点与自己之间制造出一个距离，不管这个距离有多小，但只要乌龟不停地奋力向前爬，阿基里斯就永远也追不上乌龟。

这是一个典型的认知冲突，是吸引学生注意力的好素材，教师此时可提示学生用数学的方法和观点来解决这个问题，这就将注意力与承载教学目标的学习期待"对接"起来了。如何在教学中引发、引导学生的学习期待，教师可参考本书第六章"引"中有关"激发学生的学习期待和学习热情"的内容。

（3）探求

探——探究、探索，求——追求，这既是学习兴趣的源泉，也是学习兴趣的表现。明确了基于学习期待的学习目标之后，教师就可以"和学生一起出发"了。

小学生通过多次测量，能够总结出圆周长的计算公式是 $2\pi r$。对此，教师可提出问题："同学们，我们已经会计算圆的周长了，还记得公式是什么吗？"待学生集体回答后，教师接着问："你们知道怎么计算圆的面积吗？"绝大多数学生一定积极思索却不得其解，此时学生已经产生了学习期待。教师接着说："同学们知道吗？还用 π、r 这两个数就能计算出圆的面积呢，你们想知道这是怎么推导出来的吗？"此时学生的期待变得高涨，其中承载了明确的学习目标——圆面积的公式推导。

下图是圆面积计算公式的推导过程。图 1 显示：一个圆切分后将小扇形对插起来，圆的面积转化为近似平行四边形的面积。图 2 和图 3 显示：一个圆被切分得越多，扇形插在一起时就会越接近一个长方形。图 4 显示：这个长方形的底就是圆周长的一半，高是半径，则其面积是 πr^2。这里看到的是图片，在 PowerPoint 中将这个过程做成动画将非常形象生动。

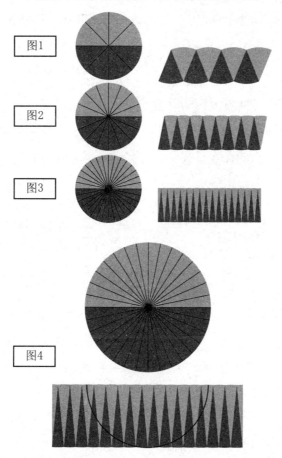

在这个案例中，有趣的、吸引学生的教学活动的背后，是高级的数学学习目标，包括数形结合的方法、极限的思想、化归的思想等。没有探求，兴趣就会成为单纯的娱乐，正是探求的过程体现了兴趣的价值，也正是通过探求，学生的期待得到了回应和满足，使得学生的学习兴趣稳定下来。此外，教师在引导学生探求时一定要紧扣教学目标，在教学目标的指引下精心设计探求的路径和任务，使得学生得到真正有价值的收获。

读者还可以参考本书第九章"动"中的"案例教学"，教师给学生呈现一个能引起学生注意、兴趣和期待的案例，在教师的指点下，学生基于案例进行探求。这样的探求和上述圆面积计算的例子相比，给学生更大的空间，更显现学生探求的独立性。因此，教师可根据教学内容、学生的知识基础、思维水平等灵活处理探求过程中自己介入的方式和介入的程度。

（4）行动

探求也是行动，但它有两个特点，一是试探性，二是探求过程中往往有他人的引导和帮助。这里的行动更强调学生的自主学习，即学生在兴趣的驱动下，主动地、富有乐趣地进行学习。在教学中，教师在讲解指导之后，往往会给学生布置独立的作业或任务，有兴趣的学生就会积极地行动起来，而没有兴趣的学生就会敷衍懈怠。

3. 情趣——心灵之乐

著名学者钱穆认为："情趣体现了古典文艺的和谐韵味和文化气质，实是一种富有哲理的人生之享受，深言之，情趣是富有哲理的'人生体味'。"

教学中的情趣，"情"指的是情感表达和情感体验，"趣"指的是"趣味"。教学是科学，也是艺术，这其中有文化，有感动，也有美的体验，这就是情趣，体现了教学中高级的品位和追求。

美学大师朱光潜认为：此物与此情相互作用，当情景相合之时，物便成为意象，情便成为情趣，情趣与意象融合成自足的独立世界。而在这个自由无限的境界中，生命个体感受到审美的愉悦，心灵体味的是物我消融、自成一体的快感。这本就是心物相互参与的结果。因此，教学中的情趣不是臆造的，它有客观基础——美的、有品位的教学行为；同时，情趣也一定表现于师生的情感体验——感受和谐、愉悦、美好、感动等。

在一次校长培训中，重庆璧山的刘荣海副校长分享了他的作文课，主题是"用心观察——做生活的有心人"。以下是刘校长在这堂作文课中所用的PPT中的几幅，我们可品味其中体现了怎样的情趣。

P1："一年好景君须记，最是橙黄橘绿时。"——引子（P1指第一张PPT，后面的文字是该PPT上的标题或主要内容，作者注）

上课当天的早上，刘校长在去学校的路上经过一片橘园，拍下了黄绿相间的橘子挂在枝头的照片，并且配上了苏轼的诗。这非常"应景"，提醒学生体验和观察很重要，生活中到处都有美，到处都有写作的素材，只是有时候我们缺乏发现美的眼睛。

P2："寻常一样窗前月，才有梅花便不同。"——导入

刘校长在这句诗后呈现了学生的一篇习作的片段：

修鞋匠老杨（片段）

重庆市璧山县　杨洁

　　鞋摊前时常看见一个瘦小的身子蹲在那里，一会儿手握剪刀嗞嗞地裁剪皮革，一会儿手握锉刀咯吱咯吱地锉鞋底，一会儿手摇扎线机咔嚓咔嚓地扎线，一会儿手握针钻"咬牙切齿"地拉扯鞋底的线头，一会儿又传来几声咳嗽。老杨总是穿着那件褪了色又补过线的"休闲服"，替别人修补过那么多皮鞋雨靴，自己的脚上却总是趿一双凉拖鞋。他身旁的鞋子，都堆成了一座小山。雨天，那些鞋子上还沾着泥垢，他用覆在膝盖上的围布把泥垢擦去，再看鞋子是什么地方坏了，戴着老花镜子仔细审视。若是急用的，等着鞋子穿的人，老杨就递过一条小木凳，用袖子擦干净，让人坐下，还用一块纸板垫在那人的脚板下面，他则赶紧替他修补。尽管等的人催得紧，他还是一丝不苟，从不马虎。

　　鞋补好了，让人试穿一下，问问人家硌不硌脚。等人家满意而去，他才取下耳廓子上别人递给他的不知什么牌子的香烟，点燃，衔在嘴上，又去收拾下一双鞋子了。

普通的鞋匠，普通的场景，为什么变得这么迷人？那是因为作者藉由仔

细观察表现了这个普通场景的"特别之处"！这正是这页PPT所配诗的意思：今晚的月光与从前所见没什么两样，只是有了梅影的衬托，才显得与往常不一样了。

P3："问渠那得清如许，为有源头活水来。"——点题

有了前两页的铺垫，到了第三页，刘校长才以这句诗引出了本节课的主题——"做生活的热心人，学会观察生活"。告诉学生用一颗热爱生活的心和一双敏锐的眼睛观察生活，这才是写好作文的基础，才能成为作文素材的"源泉"。

P4："沾衣欲湿杏花雨，吹面不寒杨柳风。"——"抓住对象特征"

这句诗为学生示范如何抓住被观察对象的特征。"杏花雨"——早春的雨，"杨柳风"——早春的风，这样写比"和风细雨"更有美感，更有趣味。用衣裳似湿未湿来形容初春细雨似有若无，更富有画意，尤见得体察之精微，描摹之细腻。

P5："横看成岭侧成峰，远近高低各不同。"——多角度、多层次

刘校长具体讲了"视、听、嗅、味、触；动静、正侧、远近、总分、比较、换元、移步、异时"等观察的方法，极好地体现了这句诗的内涵。

P6："忽如一夜春风来，千树万树梨花开。"——展开想象和联想

刘校长为这页PPT配了一张北方冬季的照片：一望无际的白雪，树木银装素裹，真是"千树万树梨花开"！观察所得到的素材经过想象的加工，更有趣味、更有意义。

P7："我见青山多妩媚，料青山见我应如是。"——倾注主观感情

人与青山互观互赏，互猜互解。既然在人世找不到知音，或许，青山能洞悉诗人的心事吧。刘校长提醒学生，客观事物一旦进入我们的眼睛，我们内心的情绪情感就会被激荡起来，此时不仅要观察客观事物，也要观察自己

内心的情绪情感，这样才能物我合一。

P8："千门万户曈曈日，总把新桃换旧符。"——不拘一格、大胆创新

创新是写作永远的追求，观察不但要有想象力，还要有创造力，观察要体现新立场、新视角，这样所获得的素材才能为富有创新性的写作奠定基础。

P9："生活处处皆美景，愿君常做有心人。"——结语

刘校长引用了美学大师朱光潜先生在《谈美》一书的序言中的一段话："阿尔卑斯山谷中一条风景极佳的大路上，有一条标语写着：'慢慢走，欣赏啊！'对此，朱光潜先生感叹，许多人对待生活、对待世界的态度，恰如在阿尔卑斯山谷中乘汽车兜风，匆匆忙忙急驰而过，无暇回首流连风景，这是一件多么可惜的事情。"刘校长将"慢慢走，欣赏啊！"放大，并且配上一幅图画——美丽的夕阳下一条蜿蜒的山间道路，这似乎也在提醒我们每一个人，美景易逝，要仔细欣赏，多多珍惜啊！

P10："只恐夜深花睡去，故烧高烛照红妆。"——升华

最后一页，刘校长以低沉缓慢的声音读苏轼的《海棠》，作为这节课的升华。当月华再也照不到海棠的芳容时，诗人顿生满心怜意：海棠如此芳华灿烂，怎忍心让她独自栖身于昏昧幽暗之中呢？这蓄积了一季的努力而悄然盛放的花儿，居然无人欣赏，岂不让她太伤心失望了吗？

此时屏幕上出现了大大的一行字——"慢慢走，欣赏啊！"刘校长缓慢而又凝重地念了两遍。此时，一切尽在不言中，我和听讲座的 50 位校长，凝神屏气，完全被吸引、被感动了。

此情、此景、此人，美哉！这不只是一堂课，这样的课已经超越了具体的知识技能，进入了所有听众的心灵，正体现了第一章中语文高层次学科素养的四个方面——文化传承、人生感悟、情感共鸣和美的熏陶。一堂有情趣的课是如此丰富、有层次、值得品味和回味。

如何让教学富有情趣？

(1) 情动人心

朱立元在朱光潜的《谈美书简》的序中写道:"情趣化"首先要有"情",只有"理"没有"情"难以打动人心,不经过"情"洗礼的"理"是干巴巴的、抽象的。《给青年的十二封信》主要是谈人生修养的,更重哲理,但朱先生(朱光潜,作者注)所谈的哲理是经过"情"熔炼而派生的,是含情之理,用朱先生自己的话来说就是,"发见思想这件东西与其说是由脑里来的,还不如说是由心里来的,"而"心与其说是运思的不如说是生情的",他这十二封信所说的话,"都是由体验我自己的生活,先感到(feel)而后想到(think)的,换句话说,我的理都是由我的情产生出来的,我的思想是从心出发而后再经过脑加以整理的"。

是啊,教学一定是"情理交融"的,教学既有"运思",也必有"生情",富有情趣的教学,首先就要情动人心。

我曾经看过一个纪录片,是关于海滩上的一只雌性变色龙的故事。她从孵化出来,到长大成年,交配,产卵,这个过程经历了很多风险,沙滩车的碾压、游人捕捉、沙尘暴、被卷入大海等等。她非常辛苦地产下卵,用尽最后的力气掩埋,以致前爪红肿,整个过程历时两天。她在穿越公路时被汽车撞到,内脏出血,苦苦挣扎,扭曲翻动,两天后死去——她的生命定格在一岁。死去的变色龙全身变成银色,再也没有也不需要任何伪装,显得异常纯净。我和几个同事屏息看着这个片段,都在默默流泪。如果我是生物教师,我会在课堂上给学生们放这段录像。其中不但有生物的相关知识,包括繁殖、竞争、适应、进化等。更重要的是,这样讲课是有情感的,这种情感像催化剂一样,让学生将客观的生物知识升华为更高级、更深刻的体验与价值观并烙印在心中,包括了解人类身边这些奇妙而又美丽的朋友、反思人类和动物应该如何相处、注视生命的美好和脆弱。

知识技能、过程方法和情感态度价值观永远是三位一体的,只要教师愿意、有能力去发掘,就会发现教学内容中特别珍贵的情感内容。

一个歌唱演员要将一首歌演绎好,除了技巧之外,还必须理解并且表现出这首歌的情感，才能打动听众。世界上没有哪个专业工作不需要从业者的情感投入：医生对患者的悲悯、演员对角色的喜爱、服务人员对顾客的热忱、工程师对产品的执著、农民对庄稼的爱惜……这种情感对于一个专业工作者做好工作非常重要。

教师当然也要在教学中投入真情。这种感情的投入表现在教师教学时的投入和专注、富有热情、情绪饱满、关心学生、善待学生，也表现在教师在解读教学内容时，能够被其中的真善美感动，并且将这种感动传递给学生。

（2）独具匠心

北京师范大学于丹教授在讲中国的月亮文化时，提到当前人们"有品质的欢乐不多，有品质的忧伤更少。"这是一个非常有趣、独具匠心的视角——人们难道不应远离忧伤吗？忧伤也有品质？对此感兴趣的读者可在网上搜索这段视频听听于教授对此是如何阐释的。这一点与前面"比"一章中郁达夫在《故都的秋》中"悲秋"的审美、日本的"物哀"文化异曲同工，是审美的另一重境界，自有一种独特的美蕴含其中。

有情趣的东西一定不是俗物，新颖、独特是其天然的品质。教师在教学过程中，以独特的视角、独具匠心的表达方式，与学生分享对教学内容与众不同的理解，这是形成教学情趣的一个重要条件。

（3）艺术之美

有情趣的教学一定要有艺术性、设计感和装饰感。

2011年，中央电视台有一个优秀的纪录片——《舌尖上的中国》——备受赞誉。这个纪录片获得巨大成功的原因就是其高度的艺术化处理：美妙的食物配以优美的音乐、精致的画面、考究的解说词，让观众感觉欢乐和愉悦；食物选材的道理、营养搭配的方法、烹制调理的趣妙让观众产生兴趣；食物所承载的文化背景，包括历史、传统、传说、亲情等等，使该片升华至情趣。

白居易说，"感人心者，莫先乎情，莫始乎言，莫切乎声，莫深乎义"。美的事物就该用美的形式来表达。无论是工人、农民、工程师，还是医生，当他们的工作水平高到一定程度，都能表现出艺术性，给人以美的享受。在教学中，教师的语言、板书、展示、仪态等都可以细细雕琢，努力做到形质兼美、赏心悦目，给学生"润物细无声"的熏陶与感染。

(4) 超脱浪漫

朱光潜高度评价情趣的功用："要洗刷人心，一定要从'怡情养情'做起，一定要于饱食暖衣、高官厚禄等等之外，别有较高尚、较纯洁的企求。"高尚、纯洁的追求就是超越现实的理想主义和浪漫情怀。理智和浪漫是人类的双翼，理智朝向现实，浪漫朝向内心；理智把握现在，浪漫观望未来；理智解决问题，浪漫生发意义。

1928年，狄拉克建立统一相对论和量子力学的电子运动方程，这个方程式被称为"神来之笔"，具有非常优美的形式，可是它有一项前所未有的特性，叫做"负能"现象。狄拉克舍不得改动那优美的方程，但必须给"负能"现象一个圆满的解释。1931年，他大胆引入"反粒子理论"来解释"负能"现象，但受到许多嘲弄与批评，直到1932年安德森发现了电子的反粒子（正电子）后，大家才渐渐认识到反物质概念和反粒子理论又是物理学的另一里程碑。

著名物理学家杨振宁引用唐代诗人高适在《答侯少府》中的诗句"性灵出万象，风骨超常伦"来描述狄拉克方程和反粒子理论。他认为：一方面，狄拉克方程确实包罗万象，而用"出"字描述狄拉克的灵感尤为传神。另一方面，狄拉克不顾玻尔、海森堡、泡利等当时大物理学家的冷嘲热讽，始终坚持他的理论，而最后得到全胜，正合"风骨超常伦"优美的诗句，描述了优美绝伦的图画和思想境界，又完美地阐释了一个物理学大师的风格与理论。

（巩晓阳等，《诗词歌赋与物理学的和谐美》，《高等理科教育》，2008，5）

这就是超越现实的浪漫精神。当然，这种精神不是胡思乱想，而是在理性的驱动下，敢于追求美好，坚持理想，与世俗保持距离，从而表现出不俗的"风骨"。

综上所述，学习应当是一种更高级的、人类的享乐。让我们的学生享受学习吧！乐趣让学生愿意走进教室、乐于坐在那儿听课；兴趣让学生从主动的追求中获得满足，智慧得到增长；情趣触动学生的心灵，让学生可以从中发现理想，坚持梦想，追求美好。

后 记

决定教学品质最基本、最重要的因素有三个：学生、教师和教学。学生是工作对象，教师要理解学生、理解学生的学习规律；教师是专业工作者，自身素质要有保障；教学是教师对学生产生影响的途径，需要高明的方法和技巧。

针对这三个要素，我写了三本书。第一本书是2010年出版的《优秀教师的四项核心素质》，关注教师素质的内涵；2011年出版的《好懂好用的教育心理学》，关注学生学习的规律；今年这本《魅力课堂：高效与有趣的教学》，探讨优质教学的本质特征。

本人水平有限，这三本书对教育教学的探讨不免挂一漏万，书中必然有很多需要改进的地方。但这三本书不是拼凑，也不是让学生攒的，都是我一个字一个字敲打出来的，书中有我的思考和实践探索，构建了理论框架和逻辑体系。

这三本书都由华东师范大学出版社出版，最重要的原因就是我信赖的好朋友、编辑——任红瑚女士。她非常敬业，特别认真，总能对我的书稿提出很有见地、很专业的修改建议，这让我感到非常放心！另外，发行部的郭雪丽等工作人员，一直提供热情而又周到的服务，这让我感到非常舒心！谢谢你们！

本书有大量案例，少部分是学生的作业，多数是教学一线教师的论文。这些案例非常重要，为本书增色，在此对案例的作者表示衷心的感谢！

我就职于北京师范大学教育学部教育统计与测量研究所，目前有九位同仁，这是一个非常和谐的集体。所长辛涛教授宽厚仁义，尊重研究人员的志趣和研究方向，从不以琐事占用研究人员的时间和精力。我的同事们谦和、友善，大家互相启发，相互砥砺。在这个研究所的三年，也是我有小小积累的三年，我的三本书都是在这期间完成的。谢谢辛所长，也谢谢我的同事们！

最后，我要感谢我的家人。这些年我的生活快乐又安定，感谢你们的陪伴和支持，感谢我们共度的岁月！

图书在版编目（CIP）数据

魅力课堂：高效与有趣的教学／赵希斌著．—上海：华东师范大学出版社，2013.5
ISBN 978-7-5675-0684-8

Ⅰ.①魅… Ⅱ.①赵… Ⅲ.①课堂教学—教学研究 Ⅳ.①G424.21

中国版本图书馆CIP数据核字（2013）第100437号

大夏书系·有效教学
魅力课堂：高效与有趣的教学

著　　者	赵希斌
责任编辑	任红瑚
封面设计	艾　米
责任印制	殷艳红
出版发行	华东师范大学出版社
社　　址	上海市中山北路3663号　邮编 200062
网　　址	www.ecnupress.com.cn
电　　话	021-60821666　行政传真 021-62572105
客服电话	021-62865537
邮购电话	021-62869887　地址 上海市中山北路3663号华东师范大学校内先锋路口
网　　店	http://hdsdcbs.tmall.com/
印 刷 者	北京密兴印刷有限公司
开　　本	700×1000　16开
印　　张	14
字　　数	190千字
版　　次	2013年6月第一版
印　　次	2017年12月第十次
印　　数	41 101-45 100
书　　号	ISBN 978-7-5675-0684-8/G·6457
定　　价	32.00元
出 版 人	朱杰人

如发现本版图书有印订质量问题，请寄回本社市场部调换或电话021-62865537联系）